CW00622058

CANTORION O FRI

Ar Lwyfan Cymru

ALUN GUY

Argraffiad cyntaf – 2004

ISBN 1 84323 363 0

Mae Alun Guy wedi datgan ei hawl dan Ddeddf
Hawlfreintiau, Dyluniadau a Phatentau 1988
i gael ei gydnabod fel awdur y llyfr hwn.

Cedwir pob hawl. Ni chaniateir atgynhyrchu unrhyw ran
o'r cyhoeddiad hwn, na'i gadw mewn cyfundrefn
adferadwy, na'i drosglwyddo mewn unrhyw ddull na
thrwy unrhyw gyfrwng, electronig, electrostatig, tâp
magnetig, mecanyddol, ffotogopïo, recordio, nac fel arall,
heb ganiatâd ymlaen llaw gan y cyhoeddwyr,
Gwasg Gomer, Llandysul, Ceredigion, Cymru.

Dymuna'r cyhoeddwyr gydnabod cymorth
Cyngor Llyfrau Cymru.

Argraffwyd yng Nghymru gan
Wasg Gomer, Llandysul, Ceredigion SA44 4JL

Diolchiadau

Rwy'n ddiolchgar i Shân, Fflur, Trebor, Tom, Dai a John Eifion am eu caniatâd i ysgrifennu'n rhydd amdanynt yn y gyfrol hon, am adael i mi eu holi a dod i'w hadnabod yn well, ac am eu cydweithrediad wrth gasglu'r manylion.

Diolch i Wasg Gomer am y gwahoddiad i ymgymryd â'r dasg bleserus hon, ac i Bryan James, y golygydd, am ei gefnogaeth a'i gymorth.

CYNNWYS

Rhagarweiniad

Mae'r cantorion yn y gyfrol hon yn artistiaid sy'n enwog a phoblogaidd ar lwyfan Cymru heddiw. Maen nhw wedi cyrraedd yr enwogrwydd hwnnw trwy ffyrdd gwahanol, fel y cawn weld, ond mae un peth sy'n gyffredin i'r chwech – cynnyrch y diwylliant Cymraeg yw pob un ohonynt. Yr eisteddfodau bach gwledig, y llwyfan lleol, oedd y man cychwyn iddynt i gyd. I bump ohonynt, bu llwyfan yr eisteddfod, o'r lleol i'r Genedlaethol, yn gyfrwng pwysig i ddatblygu eu dawn a'u gyrfa. Mae Trebor Edwards ychydig yn wahanol yn hyn o beth gan iddo fe ennill ei blwyf trwy gystadlu mewn gornestau talent.

Mae rhai o'r cantorion hyn wedi cyrraedd y brig – maent ar binacl eu poblogrwydd ac yn mwynhau, yn haeddiannol felly, heulwen haf eu gyrfa. I'r lleill, mae cystadlu a datblygu gyrfa yn dal yn fwrlwm cyffrous, a'r dyfodol yn llawn addewid. Maent i gyd wedi perfformio a chynrychioli diwylliant Cymru gydag urddas ac anrhydedd ar lwyfannau ar hyd a lled y byd, ond mae pob un ohonynt yn falch o'i fagwraeth ar lwyfan Cymru.

Doedd dim unrhyw feini prawf arbennig wrth fynd ati i ddewis y cantorion. Rwy'n eu hadnabod i gyd yn dda ar lefel bersonol, ac wedi beirniadu pob un ohonynt, heblaw Trebor, mewn eisteddfodau di-ri, mawr a bach! Un peth yw gwrando ar artist tra'n eistedd wrth fwrdd y beirniad neu yng nghanol cynulleidfa; rhywbeth gwahanol iawn, a mwy pleserus hwyrach, yw dod i adnabod y person y tu ôl i'r perfformiwr. Dyna a geisiais ei wneud yn y gyfrol hon.

Nid portreadau dwfn a difrifol mo'r bwriad, ond cyfrol sy'n olrhain hynt a hanes y chwe chantor, a cheisio dod i'w hadnabod fel cymeriadau. Wrth ysgrifennu, synnais gymaint o bethau oedd yn gyffredin yn hanes y chwech, neu bethau bach oedd yn creu rhyw gysylltiad diddorol. Bydd yn bos diddorol i chwilio am y cysylltiadau hynny wrth ddarllen y penodau hyn. Fodd bynnag, y peth mwyaf a'm trawodd oedd bod un rhinwedd arbennig yn gyffredin i'r chwech, sef yr awydd i ddifyrru cynulleidfa, a dawn ryfeddol i allu cyfathrebu â'r gynulleidfa honno. Does ryfedd iddynt ennill y wobr fwyaf oll – calon y genedl!

Y Shân Cothi iawn – yn ymlacio.

SHÂN COTHI

MAE'R golau'n isel a'r gynulleidfa yn Theatr Ei Mawrhydi yn y West End yn aros i'r llen godi ar y sioe gerdd boblogaidd, *The Phantom of the Opera*. Y tu cefn i'r llwyfan mae Carlotta, y *prima donna*, yn aros am sain yr organ i daranu'r *motif* agoriadol ddramatig cyn troedio'n awdurdodol ar y llwyfan enwog.

Mae 72,000 o gefnogwyr pêl-droed yn Stadiwm y Mileniwm yn clywed ein hanthem genedlaethol yn taranu trwy'r uchelseinyddion – datganiad angerddol gan un o sopranos gorau'r Gymru gyfoes, cyn y gêm yn erbyn y Ffindir.

Ar lwyfan llai rhwysgfawr Eisteddfod Gylch yr Urdd yn Llangadog, o flaen cynulleidfa fechan, safai merch â gwallt golau, yn ofnus ac yn swil. Roedd hi'n aros am ragarweiniad y piano cyn iddi ganu *Tŷ â Gardd* yn y gystadleuaeth Unawd dan 8 oed.

Dyma Shân Cothi, *Prima Donna* Cymru! Un o ddoniau lleisiol amlycaf y Gymru gyfoes. Go brin y meddyliodd Mrs Morgan, mam Shân, a gweddill y gynulleidfa eisteddfodol yn Llangadog dri deg o flynyddoedd yn ôl, y byddai'r ferch fach swil yn dringo i binacl cerddorol ein gwlad! Bryd hynny, Shani fach y gof oedd hi, o bentref Ffarmers – y llecyn tlws yna ar y ffordd rhwng Llandeilo a Lanbedr Pont Steffan. Ardal sy'n adnabyddus am y gof a'r emynydd enwog o Dalyllychau, Thomas Lewis. Dyma filltir sgwâr ein soprano boblogaidd – ardal a roes gychwyn ar yrfa ddisglair ar lwyfan ac ar y cyfryngau.

Teulu Shân, y Morganiaid, sydd wedi gofalu am yr efail yn Ffarmers ers cenedlaethau lawer. Eirian, ei hunig frawd, sy'n gyfrifol am yr efail y dyddiau hyn. Efe, hefyd, yw gof swyddogol y Sioe Amaethyddol Frenhinol yn Llanelwedd.

11

Y capel a'r eisteddfod roddodd y cyfle cyntaf i Shân a'i chyfoedion ymddangos ar lwyfan, o dan hyfforddiant yr athrawes leol, frwdfrydig, Ray Morgan. Gweddol lwyddiannus yn unig oedd ymdrechion Shân yn y byd cystadleuol tra oedd hi'n ddisgybl yn yr ysgol gynradd – ond byddai mwy o lwyddiant eisteddfodol i ddod yn ei harddegau.

Dyfarnwyd y cwpan cyntaf iddi yn Eisteddfod Ysbyty Ystwyth – nid am ganu, ond am lefaru *Traeth y Pigyn*. Ond doedd dim pall ar y cystadlu, a chyn hir gwelwyd Shân a'i ffrind mynwesol, Delyth Medi, yn rhodio o 'steddfod i 'seddfod yn cystadlu'n frwd ac yn magu hyder. Llais dwfn, alto oedd gan Shân yn blentyn, ond datblygodd yn soprano *coloratura* cryf ymhen rhai blynyddoedd.

Nid Shân Cothi yw'r enw ar ei thystysgrif geni! Ei henw bedydd yw Shân Margaretta Morgan – enw digon dramatig ar gyfer yr yrfa ar lwyfan oedd i ddod, ond enw y bu Shân yn ei gasáu â chas perffaith am flynyddoedd!

Newidiwyd yr enw o ganlyniad i ragbrawf yn Eisteddfod Aberteifi. Bu cryn embaras pan gamodd dwy Shân Morgan ymlaen wedi i'r clerc gyhoeddi enw'r cystadleuydd nesaf. Fe ganodd Shân y Gof, ond wylo wnaeth y llall, yn ôl yr hanes!

Y Cyn-Archdderwydd, y Parchedig W.J. Gruffudd, fu'n gyfrifol am roi enw eisteddfodol newydd i Shân wedi'r digwyddiad anffodus hwnnw. Roedd enwau megis Siân Teifi a Siân Tywi eisoes yn gyfarwydd i'r byd eisteddfodol yn y gorllewin, felly cam naturiol, rywsut, oedd enwi'r ferch ifanc ar ôl y dyffryn a'r afon leol, Cothi. Mae afon arall yn llifo trwy bentref Ffarmers, afon Twrch, ond anodd dychmygu'r arweinyddion 'steddfod yn cyhoeddi, 'Ac enillydd y gystadleuaeth yw – Shân Twrch!'

Yn eironig iawn, wrth ymaelodi ag *Equity*, undeb yr actorion, dwedwyd nad oedd yr enw Shân Morgan yn dderbyniol gan fod actores o'r un enw eisoes ar y llyfrau.

12

Dim problem! Roedd enw arall yn barod – *Shân Cothi* – enw a fyddai'n ymddangos droeon a thro ar raglenni teledu a radio yn ogystal â rhaglenni cyngerdd a sioeau llwyfan.

Nid cerddoriaeth, fel y cyfryw, oedd yn mynd â bryd Shân yn blentyn, ond byd ceffylau a marchogaeth. Hyd heddiw mae diddordeb mawr ganddi mewn ceffylau a sioeau amaethyddol. Mae'n achub ar bob cyfle yn yr amser hamdden prin sydd ganddi y dyddiau hyn i fynd lawr at y teulu yn Ffarmers, ac yn enwedig i farchogaeth ei cheffyl Palamino, Nelson, sydd bellach yn chwech ar hugain oed.

Shân wrth ei bodd yng nghwmni Nelson

Er bod diléit ganddi yng ngwaith ei thad yn yr efail, barnwyd mai annoeth fyddai gadael i Shân ymhel â haearn poeth a pheryglon y ffwrnais yn yr efail. Mae'n debyg iddi losgi'i bysedd, yn llythrennol, un tro, wrth iddi geisio efelychu'i thad yn pedoli. Uchelgais y ferch fach fusneslyd oedd bod â gofal am geffylau – eu marchogaeth, eu bwydo, a'u cludo i sioeau, a phob dim oedd ynghlwm â hynny.

Erbyn i'r Eisteddfod Genedlaethol gyrraedd Llanbedr Pont Steffan yn 1984, roedd Shân yn aelod o'r chweched dosbarth yn Ysgol Gyfun y dre, yn astudio Cerddoriaeth fel un o'i phynciau Safon Uwch. Bu'n ffodus iawn i gael yr unawdydd a'r arweinydd enwog, Delyth Hopkin Evans, yn athrawes arni.

Bonws, a chyd-ddigwyddiad hyfryd i Shân, oedd bod aelodau eraill o'r dosbarth, hefyd, yn gantorion ac yn gerddorion talentog. Ar ddiwedd y gwersi byddent yn canu coralau J.S. Bach a darnau amrywiol, gan harmoneiddio wrth reddf – Hedydd yn canu'r llinell alto, Eleri Twynog ac Elin yr alaw, a Delyth Medi a Shân y desgant. Cawsant oll y profiad gwerthfawr o ganu yn sioeau cerdd yr ysgol.

Roedd athro Ysgrythur ifanc a brwd newydd gyrraedd yr ysgol ac ar dân eisiau cystadlu ar bopeth yn y Genedlaethol yn 1984. Andrew O'Neill oedd yr athro hwnnw – un o deulu enwog yr O'Neills o Bontarddulais. Efe a Delyth Hopkin Evans, maes o law, fyddai'r catalyddion i ddod â'r pum cantores ynghyd fel grŵp.

Pan ddaeth *Dechrau Canu, Dechrau Canmol* i Gapel Soar, Llanbed, yn 1984, daeth y pum ffrind ynghyd fel grŵp am y tro cyntaf gan berfformio o dan yr enw Cwlwm. Dyma gychwyn, felly, ar yrfa Shân yn diddanu'r cyhoedd mewn cyngherddau. Ar derfyn y cwrs Safon Uwch, gwasgaru fu hanes y ffrindiau – dwy i Goleg Bangor, un i Guildford, a dwy i Goleg Prifysgol Cymru, Aberystwyth. I'r Coleg ger y Lli yr aeth Shân. Ond er y gwahanu, bu Cwlwm yn dal i ddiddanu cynulleidfaoedd am bymtheg mlynedd. Roedd yn grŵp poblogaidd iawn, ac ar un adeg buont yn trafod y syniad o droi'n broffesiynol.

Un o uchafbwyntiau'r grŵp oedd canu yng Nghymanfa Gogledd America a Chanada yn Victoria, British Columbia, yn 1991. Ac un o'r troeon olaf iddyn nhw ganu'n gyhoeddus oedd yng Nghapel Soar, Llanbed, ar achlysur priodas Delyth Medi ac Iwan Lloyd yn 1999 – a minnau wrth yr organ! Mae'r aelodau eraill yn dal yng Nghymru hyd heddiw: Hedydd yn fam ac yn athrawes Gymraeg yn Ysgol Gyfun Llanbedr Pont Steffan, Eleri Twynog yn Bennaeth Marchnata S4C, Elin yn Aelod Plaid Cymru o'r Cynulliad, a Delyth Medi yn Bennaeth Cerddoriaeth yn Ysgol Gyfun Glantaf, Caerdydd.

Cwlwm – Shân Cothi, Delyth Medi, Eleri Twynog, Elin a Hedydd
yn y cyngerdd yn Victoria, British Columbia, yn 1991

Bu Shân yn y Coleg ger y Lli am bedair blynedd yn astudio Cerdd a Drama, gan ennill gradd anrhydedd.

Tra oedd yn fyfyrwraig daeth cyfleoedd niferus iddi ganu fel unawdydd. Bu'n derbyn gwersi wythnosol a chyfarwyddyd gwerthfawr gan Hazel Holt, athrawes a fu farw'n ifanc iawn, yn anffodus. Roedd yr ysfa i wella'r llais ac ehangu *repertoire* wedi cydio. Rhaid oedd cael mwy o wersi canu preifat gan yr hyfforddwyr Ken a Christine Reynolds, yn Aberystwyth – tîm llwyddiannus o hyfforddwyr a fu'n arwain Shân i diroedd cerddorol uwch. Buont yn ddylanwad mawr a thra phwysig ar ei gyrfa fel artist proffesiynol.

Mae Shân yn cyfeirio'n aml at y ddyled sydd arni i'w rhieni am y cymorth a roesant iddi gael y gwersi lleisiol ychwanegol yma. Cofia hefyd am yr oriau dirifedi a dreuliai ei mam yn ei llusgo hi a'i ffrindiau o gwmpas eisteddfodau bychain led-led Cymru, bob awr o'r dydd a'r nos ac ym mhob tywydd.

Daw teulu Mrs Morgan, mam Shân, o ardal Salem, Llandeilo. Roedd ei mam hithau, mam-gu Shân, yn gymeriad a hanner, mae'n debyg, a bu'n byw yn Ffarmers gyda'r teulu yn ddiweddarach. Ymdebygu i May, ei mam-gu, y mae Shân o ran pryd a gwedd. Cred rhai o'r teulu fod priodoleddau'r Romani yn y genynnau yn rhywle, ac ar ôl gweld lluniau'r teulu ar y rhaglen deledu *Cefn Gwlad* dro'n ôl, mae lle i gredu fod elfen o wirionedd yn hynny – yn enwedig y gwallt du cyrliog a'r llygaid llachar, bywus sydd gan Shân. Petai'r llais yn is, byddai'n gwneud Carmen berffaith yn opera Bizet!

Cymeriad Carmen
i'r dim!

Daeth llwyddiant i Shân yn y Genedlaethol am y tro cyntaf yn Eisteddfod Abergwaun yn 1986 yn yr Unawd Soprano dan 25 oed, gan guro'r gantores adnabyddus, Bethan Dudley. Y darnau prawf oedd *Pe Telyn Iwbal Gawn* gan Handel, a *Nos o Haf* gan Llifon Hughes Jones.

Mae arddull Handel yn gweddu i'r dim i lais Shân – yn enwedig y brawddegau *coloratura* melismatig sy'n gorwedd mor rhwydd yng nghwmpawd eang ei llais hyblyg, cryf. Fel y gŵyr y cyfarwydd, gall Shân newid ei thechneg leisiol mor rhwydd a didrafferth wrth symud o'r arddull glasurol i *genre* swing, jazz, melangân a balad.

Ni fu'n uchelgais arbennig ganddi i droi'n gantores broffesiynol wedi graddio. Yn wir dilyn cwrs hyfforddiant fel athrawes wnaeth Shân, fel cenedlaethau o fyfyrwyr o'i blaen oherwydd nad oedd amgenach cyfeiriad ganddynt i'w ddilyn ar y pryd!

Byddai'r llais soprano gwych, y llygaid pert, y gwallt tywyll crychiog a'r bersonoliaeth 'potel o bop', yn sicr yn gymwysterau manteisiol yn yr ystafell ddosbarth. Mae'r *aura* o agosatrwydd a naturioldeb cynnes sy'n ei hamgylchynu yn gyrru tonfeddi o gariad ac ewyllys da allan i bawb a ddelo ar draws Shân Cothi. Mae gwên ddiffuant ar ei hwyneb byth a hefyd: fe'i cewch bob amser mewn hwyliau da.

Disgyblion Ysgol Llanfair Caereinion ym mwynder Maldwyn oedd y cyntaf i flasu ac i werthfawrogi doniau'r athrawes ifanc wrth iddi gychwyn ar ei gyrfa yn 1989. Bu yno am dair blynedd a hanner, yn lletya gyda theulu Ieuan Jones, y telynor enwog, ar ffarm Mathrafael ym Meifod – yr union ffarm lle y bu rhieni Shân yn aros yn ystod y Genedlaethol yn 2003.

Tra oedd yn byw yno bu Shân yn cadw cyngherddau ac yn cystadlu fel unawdydd. Cafodd gyfle hefyd i gwrdd yn achlysurol â'i mêts o Lanbed wrth i Cwlwm berfformio o gwmpas Cymru ar benwythnosau.

Yn 1992, symudodd i Ysgol Gyfun Ystalyfera, lle y

treuliodd gyfnod hapus a chynhyrchiol. Cafodd gyfle i ddefnyddio'i thalentau amrywiol gan sicrhau fod yr ysgol yn cipio gwobrau niferus yn Eisteddfodau'r Urdd. Bu'n gyfrifol, hefyd, am gerddorfa'r ysgol – cerddorfa o dros gant o aelodau! Dyma brofiad a fu o fantais fawr iddi'n hwyrach yn ei gyrfa wrth berfformio gyda cherddorfeydd a bandiau proffesiynol.

Roedd y gwaith beunyddiol fel athrawes, a'r yrfa ran-amser yn canu ac yn darlledu, yn mynd i osod Shân mewn sefyllfa anodd. Cyn bo hir, yn anochel braidd, byddai'n rhaid dewis rhwng swydd athrawes Gerdd neu fod yn berfformwraig broffesiynol. Mae'n tystio iddi fod mewn cyfyng-gyngor am beth amser p'un ai i aros gyda sicrwydd ariannol gyrfa fel athrawes neu fentro i fyd ansefydlog a chystadleuol y cyfryngau fel cantores a chyflwynwraig broffesiynol.

Derbyniodd gyngor ymarferol gan ddau o sêr ein sgrîn fach, Gillian Elisa ac Ifan Gruffydd, yn ogystal ag Andrew O'Neill – y tri yn ei hannog i fentro i'r byd mawr. Bu un o'i ffrindiau o ddyddiau'r Coleg, y digrifwr a Chomisiynydd Rhaglenni Ieuenctid S4C, Meirion Davies, hefyd, yn ddylanwad mawr ar y penderfyniad. Ei eiriau proffidiol iddi oedd, 'Yr unig bryd y gwnaiff pobl dy gymryd o ddifri yw pan orffenni di yn dy swydd a throi'n broffesiynol'. Am flwyddyn a hanner bu Shân yn pendroni ynglŷn â bwrw 'mlaen tua'r 'wlad anhysbys'.

Gwn yn bersonol fod teulu'r Morganiaid yn Ffarmers, hefyd, yn ansicr ynglŷn â phenderfyniad Shân i adael byd diogel academia – Dad yn ei hannog i fentro, ond Mam yn fwy ceidwadol! Ond doedd Prifathro Ysgol Ystalyfera, Eurig Davies, ddim yn synnu o gwbl pan ddaeth yr athrawes Gerdd ato â llythyr o ymddiswyddiad. Gyda theimladau cymysg y ffarweliodd Shân ag Ystalyfera wedi cyfnod disglair a llewyrchus. Doedd dim swydd ganddi, dim addewid am waith nac incwm.

Ond ni fu'n hir cyn cael gwahoddiadau i gyfrannu at wahanol raglenni radio ar y BBC. Dechreuodd gyda chyflwyno'r gyfres wythnosol *Amser Cothi*, ar y Sul i Radio Cymru, Abertawe, ac yn fuan wedi hynny derbyniodd wahoddiad i gyflwyno'r gyfres *Cothi's Classics* ar Radio Wales, lle byddai'n cyflwyno amrywiaeth o fiwsig yn ogystal â sgwrsio gyda gwesteion, gan drafod materion cerddorol cyfoes.

Y flwyddyn honno, 1995, yn Eisteddfod Genedlaethol Bro Colwyn, Abergele, cyrhaeddodd Shân y brig drwy gipio gwobr y Rhuban Glas, a chyrraedd y llwyfan hefyd ar gystadleuaeth Ysgoloriaeth Towyn Roberts – ysgoloriaeth ariannol sylweddol ar gyfer myfyrwyr lleisiol, a roddwyd gan y diweddar Towyn Roberts er cof am ei wraig. Dyma oedd y statws a'r *kudos* angenrheidiol i roi hwb i yrfa newydd y gantores. Roedd eisoes wedi ennill gwobr Cantores y Flwyddyn dan 25 yn Llangollen, a hefyd yr Unawd Agored dan 25 yn Eisteddfod yr Urdd.

Roedd ei *curriculum vitae* yn edrych yn addawol iawn ar bapur, ond mater arall fyddai sicrhau gwaith cyson ac ennill cytundebau. Ta waeth, doedd dim rhaid ymboeni'n ormodol oherwydd canai'r ffôn yn gyson, gyda gwahoddiadau i gynnal cyngherddau a chanu mewn oratorios. Yn sydyn, roedd y byd proffesiynol yn edrych yn llai bygythiol ac yn fwy deniadol!

Byddai sawl blwyddyn yn mynd heibio cyn i Shân ymuno ag asiantaeth Doreen O'Neill, Harlequin, yng Nghaerdydd. Bu ar lyfrau'r asiantaeth Viva am gyfnod, ond ar ei liwt ei hun y llwyddodd Shân i adeiladu gyrfa lewyrchus ar lwyfannau Cymru.

Ac eto, rhaid cofio nad canu yw unig dalent ein *Diva*. Mae ganddi'r ddawn i gyfathrebu ar lafar yn ogystal ag ar gân.

Yn dilyn cyfresi radio llwyddiannus bu Shân yn gweithio fel cyflwynwraig ar raglenni teledu amrywiol, megis *Hel*

Straeon, Sioe Fach a *'Mond Fel Ddoe*. Bu hefyd yn gweithio ar raglenni teledu y tu ôl i'r llwyfan yn y Genedlaethol, yn sgwrsio gyda chystadleuwyr ac arweinyddion corau. Mae ei harddull naturiol, gartrefol wrth ddarlledu yn ei gwneud yn holwraig boblogaidd iawn, fel y gwelsom yn y Genedlaethol ym Meifod.

Wedi diwrnod llawn o gyflwyno a holi cystadleuwyr ym Meifod, fe'i gwelwyd yn ymddangos ar lwyfan y Brifwyl fel yr Unawdydd Gwadd yng ngwaith newydd Brian Hughes i Gorau Meibion, *Y Pren Planedig*. Roedd y darn hwn yn ymestyn ei thalentau fel cantores glasurol i'r ymylon, a chafodd neb ei siomi. Dyma brofi, i mi, wir ddawn y gantores o Ffarmers. Go brin y caiff hi sgôr anoddach i'w dysgu – roedd y perfformiad yn arddangos dimensiwn hollol wahanol i'r ddelwedd boblogaidd o Shân a welsom yn ei rhaglen lwyddiannus *Shân Cothi* ar y teledu dro'n ôl.

Roedd gwneud y rhaglen honno gyda chwmni Emyr Afan, *Avanti*, yn drobwynt yn hanes Shân. Ysgol brofiad galed oedd gwneud y ddwy gyfres, pob un yn chwe rhaglen o hanner awr. Cafodd gyfle i ganu mathau amrywiol iawn o gerdddoriaeth ar y rhaglenni, gyda chyfeiliant band a cherddorfa, ac fe gynhyrchwyd crynoddisg a fideo o bigion y cyfresi. Mae hi'n hynod falch o'r gân *Migldi Magldi,* oherwydd ei thad sy'n curo'r einion yn y cyfeiliant. Enillodd y cyfresi wobr BAFTA Cymru, a hefyd enwebiad am y rhaglen gerddorol orau yng Ngŵyl Montreux.

Yn y llun gyda Shân mae Damon Rochefort (ar y chwith), sy'n ysgrifennu sgriptiau i *Coronation Street*, a Justin Smith, cyfarwyddwr teledu – a'r 'sboner', chwedl Shân.

Yn achlysurol deuai gwesteion arbennig i ganu deuawd gyda Shân ar y rhaglenni hyn. Un o'r gwesteion oedd Mike Sterling o Abertawe, i ganu'r ddeuawd 'All I Ask of You' allan o'r sioe *The Phantom of the Opera*. Ar y pryd, roedd

Gwobrau BAFTA Cymru 1999

Mike yn perfformio rhan Raoul yn y sioe yn Llundain. Dyma fe'n troi at Shân yn y stiwdio a dweud 'Byddet ti'n grêt yn rhan Christine! Anfon dy CV a chryno-ddisg i mewn i gyfarwyddwyr *Phantom*!'

Dyna a wnaethpwyd, heb deimlo'n rhy hyderus, chwaith! Cafodd sioc o gael ei gwahodd i wrandawiad yn y theatr. Doedd hi ddim hyd yn oed wedi gweld y sioe!

Roedd y tîm cynhyrchu wedi sylweddoli'n syth bod gem o berfformwraig yn sefyll o'u blaenau. Yn eu mysg roedd dau Gymro – Dirprwy Gyfarwyddwr y sioe, Phillip Griffith o'r Canolbarth, a'r Cyfarwyddwr Cerdd, Nick Davies. Derbyniodd Shân lawer o gefnogaeth a chyngor ganddynt, ac ar ôl sawl gwrandawiad, awgrymwyd iddi y byddai rôl Carlotta yn well iddi na rôl Christine. Ymateb Shân oedd 'Pwy yw Carlotta?'!

Pan ddwedodd yr *impresario*, Cameron Mackintosh, wrthi mai hi fyddai'r Carlotta newydd, roedd Shân ar ben ei digon – o Ystalyfera yn syth i'r West End! Roedd hi eisoes wedi ennill profiad operatig gwerthfawr yn perfformio ar lwyfannau Theatrau Craig y Nos a Phorth Tywyn mewn cynyrchiadau amatur megis *L'Elisir d'amore*, *Priodas Figaro* a *Merry Widow* – ond cytundeb proffesiynol fel cantores opera! Anodd ganddi gredu'r peth!

Trefnwyd nifer fawr o wibdeithiau i fyny'r M4 o Gymru i weld 'ein Shân ni' yn serennu yng ngwaith Andrew Lloyd Webber. Roedd y genedl gyfan mor falch ohoni! Buan y daeth y porthor yn gyfarwydd â gweld bysiau o Grymych, Llandeilo, Aberystwyth, Llanfair Caereinion ac o Gaerdydd y tu allan i ddrysau Theatr Ei Mawrhydi yn Haymarket, Piccadilly!

Roedd un gŵr arbennig o Ddinas Powys yn ymwelydd cyson â'r theatr yn ystod 2000 a 2001. Justin Smith oedd ei enw. Dyma gymar Shân ers adeg y sioe deledu *Shân Cothi*, pan oedd yntau yn gynllunydd graffig ar y cynhyrchiad. Ef, hefyd, a gynlluniodd glawr ei chryno-ddisg a gynhyrchwyd ar ddiwedd y gyfres honno.

Shân yn chwarae rhan Carlotta yn *The Phantom of the Opera*

Clive Barda/Arena PAL

22

Bu'n perfformio'n ddi-dor am bymtheg mis. Roedd angen stamina arbennig i wneud hynny heb golli ei llais. Ond, yn ffodus, ddigwyddodd hynny ddim yn aml – dim ond un annwyd bach a chlust tost!

Yr unig gyfle a gâi i ymlacio yn ystod y cyfnod cynhyrfus hwn oedd ar y penwythnos, pan ddeuai adref i Gaerdydd neu i Ffarmers. Ond 'nôl y byddai'n mynd drachefn ar fore Llun i'r theatr unwaith yn rhagor i gynhesu cyn sioe nos Lun. Yn ystod yr wythnos roedd hi'n cael benthyg fflat Bryn Terfel yn Kensington.

Bu Bryn yn gyfaill cywir a charedig oedd yn amlwg yn ymfalchïo yn llwyddiant y Gymraes ddiymhongar. Roedd Shân a Michael Ball ymysg gwesteion Bryn yng Ngŵyl Gerdd gyntaf y Faenol yng Nghaernarfon. Y bariton o Bantglas oedd un o'r unawdwyr ddydd Nadolig diwethaf gyda Shân, Eirian James a Rhys Meirion yn y perfformiad teledu cyntaf erioed yn y Gymraeg o'r *Meseia*, ar gyfer S4C.

Er mor galed y gwaith yn *Phantom*, roedd yna gymdeithas glòs a chyfeillgar yn bodoli ymysg cast y sioe, a llawer o driciau yn cael eu chwarae ar y llwyfan. Un enghraifft oedd y tro hwnnw pan ychwanegodd Carlotta *cadenza* (rhan ddiweddebol ddigyfeiliant, flodeuog) annisgwyl at ddiwedd un o'i hunawdau – er mawr syndod i Nick Davies, yr arweinydd, ac aelodau'r gerddorfa!

Mae Shân hefyd yn hoff o adrodd yr hanesyn pan nad oedd ganddi ond pymtheg eiliad i newid ei gwisg y tu ôl i'r setiau. Ynghanol y bwrlwm, syrthiodd y set, a gwelwyd Carlotta'n hanner noeth, wedi'i gwisgo mewn staes yn unig! Dro arall, syrthiodd het fawr Carlotta dros ei llygaid, gan achosi trafferthion i Shân. Rhaid oedd bwrw 'mlaen, wrth reswm, a dyna a wnaeth. Ond bu bron i weddill y cast fethu â pharhau i ganu gan eu bod yn corcio chwerthin! Unwaith yn unig bu'n rhaid atal y sioe am rai munudau – a hynny pan syrthiodd un o'r actorion drwy'r trapddor ar y llwyfan!

Beth nesa, felly, i'r *Diva*? Mae'n ymwybodol bod angen cynhyrchu mwy o gryno-ddisgiau. Hyd yn hyn mae Shân wedi bod yn canolbwyntio ar gerddoriaeth fyw, ond mae'n bwriadu symud i mewn i'r stiwdio i wneud rhai cryno-ddisgiau gyda chaneuon clasurol pur arnynt. Mae'n fwriad ganddi hefyd i recordio cryno-ddisg yn cynnwys cymysgedd gwefreiddiol o rythmau dawns a melodïau operatig poblogaidd – arddull debyg i eiddo'r ddwy gantores o ardal Covent Garden yn Llundain, yr Opera Babes!

Mewn cyfweliadau, mae'r ddarlledwraig Beti George yn holi Shân byth a hefyd pa bryd y cawn ei gweld yn ymddangos ar lwyfan operatig – gyda Chwmni Opera Cenedlaethol Cymru, efallai. Dyma'r cam nesaf naturiol, yn fy marn i. Bellach mae ganddi'r profiad llwyfan a'r llais *coloratura* i ymgymryd â rhannau megis Violetta yn opera Verdi, *La Traviata*.

Go brin bod neb yng Nghymru wedi canu mewn mwy o seremonïau agoriadol, cynadleddau, arddangosfeydd, a mabolgampau, na Shân. Mae'r rhestr yn ddiddiwedd, ond mae nodi rhai ohonyn nhw'n profi pa mor boblogaidd yw Shân y tu hwnt i furiau'r neuadd gyngerdd. Canodd yn agoriad Gerddi Aberglasne, seremonïau BAFTA a Bwrdd Twristiaeth Cymru, heb anghofio am Rali Geir Cymru ac Athletau Cymru, gyda Colin Jackson o dan ei phais enfawr! Bu hefyd yn perfformio pan lansiwyd ceir Mercedes yn ne Cymru, ac yng ngŵyl y Mardi Gras yng Nghaerdydd, heb sôn am seremoni agoriadol Pencampwriaeth Golff Cymru ac, fel y soniwyd ar y dechrau, gêm bêl-droed Cymru yn erbyn y Ffindir yng Nghystadleuaeth Cwpan y Byd yn Stadiwm y Mileniwm yn 2003.

Does dim rhyfedd yn y byd bod yr holl fudiadau uchod yn awyddus i gael Shân i ganu wrth lansio'u digwyddiadau! Pa le bynnag yr elo, gellwch fod yn sicr y bydd tonfeddi o ewyllys da yn hedfan o gwmpas y lle. Mae

24

pawb wedi dotio ar y wên serchus a'r afiaith heintus sydd mor nodweddiadol ohoni.

Derbyniodd Shân nifer fawr o wobrau a chlod yn ystod ei gyrfa ond mae'n rhaid bod y Cymrodoriaethau er Anrhydedd a gafodd gan ei hen goleg, Coleg Prifysgol Cymru, Aberystwyth, a chan goleg ei milltir sgwâr, Coleg Prifysgol Cymru, Llanbedr Pont Steffan, yn destun llawenydd mawr iddi hi a'i theulu.

Er ei bod ar y brig fel cantores broffesiynol, mae ganddi sawl uchelgais mewn cyfeiriadau eraill – actio, a chanu ar fordeithiau llongau pleser. Mae'n ymddangos bod y breuddwydion hynny ar fin cael eu gwireddu!

Ar hyn o bryd mae Shân yn ffilmio ar gyfer drama gyfres newydd o'r enw *Con Passionate* gan Siwan Jones o Gaerfyrddin, awdur *Tair Chwaer*. Drama yw hon yn seiliedig ar anturiaethau Côr Meibion Gwili, ac mae Shân yn serennu fel Davina, arweinydd y côr. Edrychwn ymlaen yn eiddgar at weld y gyfres ar S4C yn y flwyddyn newydd!

Cyn hynny, beth bynnag, bydd breuddwyd arall wedi ei gwireddu. Mae Shân wedi cael ei gwahodd i ganu ar un o fordeithiau Classic FM ym Môr y Canoldir yn ystod mis Hydref 2004. Bydd yn cynnal tri chyngerdd mewn deg diwrnod – rhagor o brawf ar ei stamina! O nabod Shân, bydd yn siŵr o lwyddo.

Y cantor ifanc, addawol

Sain

DAI JONES

YN gynnar yn fy ngyrfa fel beirniad eisteddfodol yn y 1960au, arferai dau lais gwych ddod i'r brig yn rheolaidd yng nghystadlaethau'r Her Unawd a'r Unawd Gymraeg – Dai Jones a Berwyn Davies, gyrrwr lorri laeth, o Felin-fach (a wedyn Aberaeron) – y naill yn denor a'r llall yn *basso profundo*. Dau aelod o'r garfan gref o leisiau talentog fyddai'n cefnogi eisteddfodau bychain y wlad dros ddeugain mlynedd yn ôl, bellach. Enillodd Berwyn y Rhuban Glas yn Eisteddfod Genedlaethol Aberteifi yn 1976.

Llais tenor pur, naturiol oedd llais Dai. 'Dim ond angel fedr dy guro di heno, Dai', meddai'r gyfeilyddes adnabyddus, Eluned Douglas Williams, wrtho ar derfyn ei berfformiad yng nghystadleuaeth y Rhuban Glas yn 1970! Roedd hi'n iawn! Roedd yn hawdd gwrando arno'n canu, yn enwedig pan ganai un o'i hoff ddarnau, 'Adelaide', gan Beethoven. Cofiaf yrru 'nôl yn oriau mân y bore i Gaerdydd ar ôl 'steddfod hwyr yn y Gorllewin, wedi ymserchu'n llwyr yn llais y tenor ifanc hwn – gŵr yn ei ugeiniau cynnar. Yn debyg i Islwyn Ffowc Elis yn ei ysgrif 'Melodi' yn *Cyn Oeri'r Gwaed*, methais innau â chael gwared o'r alaw o'm meddwl am wythnosau – 'Daeth drachefn a thrachefn, a'i gosod ei hun yn llwybyr annileadwy, anhygoel dlws, ar fy meddwl'. Hyd yn oed nawr, pan glywaf y gân hon gan Beethoven, rwy 'nôl gyda Dai yn eisteddfodau'r wlad.

Un o leisiau tenor mawr y cyfnod hwn oedd eiddo Stuart Burrows, Cilfynydd – artist a enillodd yr Unawd Tenor a hefyd y Rhuban Glas yn y Genedlaethol yng Nghaernarfon yn 1959, cyn symud ymlaen i fwynhau gyrfa ddisglair yn y byd proffesiynol. Un ar ddeg o flynyddoedd yn ddiweddarach, roedd Dai Jones Llanilar ar drothwy yr un math o yrfa ar ôl llwyddiant ysgubol yn Eisteddfod Rhydaman, 1970, ac ennill clod mawr iddo'i hun drwy gipio'r wobr *Princeps Cantorum* yn Eisteddfod Ryngwladol Llangollen.

Ond ni ddilynodd ein 'cantor o fri' y trywydd disgwyliedig y bu nifer o bobl yn ei ddarogan iddo. 'Ffarmwr sydd wedi arallgyfeirio ydw i yn y bôn', yw ymateb Dai i'r rhai sy'n ei holi am ei yrfa. Aeth e ddim i Goleg Cerdd i astudio ymhellach ac ni wnaeth unrhyw ymgais i fynd yn ganwr llawn-amser. Yn hytrach, bu'n cynnal ei wraig, Olwen, a'u hunig blentyn, John, drwy weithio ar fferm Berthlwyd, Rhos-y-garth, Llanilar. Mynd o'r llwyfan i'r beudy, ac o'r beudy i'r sgrîn fach yw hanes y cymeriad hoffus hwn a ddathlodd ei drigain oed yn 2003.

Dai y ffermwr – gartre, ar dir Berthlwyd

Pan welodd Dai y diweddar Richard Rees, Pennal, ar y teledu yn 1953 yn canu ac yn mynd o gwmpas ei waith ar y fferm yn ei *wellies*, penderfynodd mai dyna'r bywyd iddo yntau, hefyd. Daethant yn ffrindiau mynwesol gan rannu'r un llwyfan droeon a thro yn canu deuawdau. Cofiwn yn dda am y baswr a'r tenor yn morio'r ddeuawd 'Y Ddau

28

Wlatgarwr' ar lwyfan ac ar y cyfryngau. A phwy all anghofio'r rhaglen *Cefn Gwlad* honno pan ymwelodd Dai â fferm ei eilun, a'r ddau'n canu allan yn y caeau, ac yn joio mas draw!

Mae gan bob cerddor a chyfansoddwr eilun a rôl model y mae'n ei edmygu ac yn ei barchu. Roedd y cyfansoddwr Schubert yn edmygu gwaith Beethoven yn fawr iawn, ac yn drwm o dan ei ddylanwad, ond yn rhy swil i siarad ag ef. Bu Schubert yn cludo torch o flaen arch Beethoven yn ei angladd. Ni fedrai Dai Llanilar gael gwell mentor a ffrind na Richard Rees, Pennal, ac roedd Dai yn un o'r pedwar a gludodd ei arch ar ei olaf daith yn 2003.

Does dim amheuaeth yn fy meddwl i fod ansawdd llais tenor Dai gyda'r tenoriaid telynegol blaenaf a glywodd Cymru erioed. Ar ei orau gallai Dai sefyll ochr yn ochr â Stuart Burrows a David Lloyd.

Does ganddo mo'r anadl i gynnal y llais y dyddiau hyn. Bu'n smygu cetyn am flynyddoedd cyn ymwrthod â'r arfer ryw ugain mlynedd yn ôl! Ond mae'r tapiau fideo a'r recordiadau o'r tenor main yn ein hatgoffa o'r llais arbennig oedd ganddo yn ei anterth. Mae ei recordiad o waith poblogaidd R.S. Hughes, 'Arafa Don', yn glasur i'w drysori. Yn yr un modd, mae recordiad Dai o 'Elen Fwyn' a 'Bwthyn Bach Melyn Fy Nhad', yn arddangos sgiliau technegol canmoladwy iawn.

Disgleiriodd ar lwyfannau Cymru megis seren wib, gan guro pawb ar gystadleuaeth y Rhuban Glas yn Rhydaman. Y darn prawf oedd aria 'Lenski' gan Tchaikovsky, allan o'r opera *Eugene Onegin* – unawd anodd ac uchel i denor, ond cyfle i'r cantor ddangos ei lais a'i stamina. Yna, gyda'r hunan ddewisiad, gwyddom oll mai ffefryn Dai oedd 'Adelaide' gan Beethoven. Roedd e wedi ennill cwpanau a medalau niferus gyda'r darn hwn, a chafodd neb sioc pan roddwyd y Rhuban Glas am wddf y ffermwr o Lanilar – un o'r deg tenor sy wedi ennill y wobr arbennig honno hyd yn hyn.

Nid yn Llanilar y ganwyd Dai, neu David John Jones, i roi iddo ei enw llawn! Mae Dai yn medru siarad iaith y Cocni gystal ag unrhyw un a anwyd o fewn cyrraedd seiniau Clychau Bow, oherwydd ganwyd ef yn Llundain, yn un o dri o blant i rieni oedd â'u gwreiddiau yng Ngheredigion. Ganwyd Dai yn ystod yr Ail Ryfel Byd, ym mis Hyfref, 1943. Mae ei frawd, Trefor, yn yrrwr tacsi yn Llundain, ac yno mae ei chwaer, hefyd, yn byw. Mae'r ddau'n deall y Gymraeg yn iawn, ac mae Trefor yn dal i'w siarad yn hollol rugl.

Fel nifer o deuluoedd a aeth o Geredigion i droedio'r 'palmant aur' yn Llundain, bu teulu Dai yn dosbarthu ac yn gwerthu llaeth yn ardal Hornsey – Gogledd Llundain, N19. Mae'n siŵr fod ei hoffter o geffylau a marchnadoedd yn deillio o gysylltiadau'r teulu â'r brifddinas honno! Yno cafodd gyfle i fynd i'r *United Dairies*, lle roedd ei daid yn gofalu am y ceffylau, a hefyd i farchnad enwog Smithfield.

Un o Dal-y-bont oedd mam Dai yn wreiddiol, ac aeth i fyw yn Llundain gyda'i rhieni pan oedd yn bedair ar ddeg mlwydd oed. Cyfarfod yn Llundain wnaeth rhieni Dai, a bu'r teulu'n rhan o gymdeithas Cymry Llundain, gan gystadlu yn eisteddfodau'r capeli yn eu hamser hamdden.

Ac yntau ond yn dair blwydd oed, daeth Dai yn ôl i Gymru, i bentre Llangwyryfon, ac yno y cafodd ei godi gan ei fodryb a'i ewyrth, brawd ei dad, oedd yn ddi-blant. Dyma fu bro ei febyd, a dyma'i filltir sgwâr. Ar ôl priodi yn dair ar hugain oed, ymgartrefodd gydag Olwen yn fferm Berthlwyd. O gofio iddo dreulio tair blynedd cyntaf ei fywyd yn Hornsey, nid yw'n anodd deall pam fod elfennau o fywyd y Cocni yn apelio'n fawr at hiwmor Dai. Rhai o'i hoff gyfresi comedi ar y teledu yw *Only Fools and Horses, Alf Garnett*, a *Steptoe and Son*.

Mae'n debyg mai Tad-cu, ar ochr ei fam, oedd â llais gorau'r teulu. Roedd ganddo lais tenor hyfryd fel Richie Thomas Penmachno, a bu'n astudio dan yr Athro Walford

Davies yn Aberystwyth ar un adeg. Roedd Llais bariton da, hefyd, gan dad Dai. Does dim rhyfedd, felly, fod gan Dai gystal adnoddau lleisiol!

Tystia Dai mai yn Ysgol Gynradd Llangwyryfon yr ymddiddorodd gyntaf mewn canu a cherddoriaeth. Dechreuodd yn yr ysgol yn bump oed, ac mae wedi cadw mewn cysylltiad â nifer o'i gyfoedion hyd heddiw. Mae'n hoff o sôn, hefyd, am y gerddorfa fach oedd yno, ac yntau'n aelod o'r adran daro!

Dechreuodd gystadlu o ddifri yn ei arddegau hwyr yng Nghwrdd Bach Capel Tabor, a chafodd anogaeth gan y beirniad a'i ffrindiau i hyfforddi'r llais.

Yn Eisteddfod Tŷ'n y Graig yn Ystrad Meurig yr enillodd Dai ei gwpan cyntaf am ganu – y cyntaf o lond trol o gwpanau a medalau sydd ganddo o fyd yr Eisteddfod yn ogystal ag o fyd y Sioeau Amaethyddol.

Y cantor ifanc yn arddangos y gwobrau a enillodd am ganu

Cafodd gyngor, eto, gan y beirniad i chwilio am hyfforddiant lleisiol, ac fe aeth at yr athro profiadol, Ifan Maldwyn, athro ei arwr, Richard Rees. Cafodd Dai hyfforddiant hefyd gan Redvers Llywelyn yn Aberystwyth.

Mae'r straeon am Dai yn ymarfer ar y fferm yn werth eu cofnodi. Dyma gyfuniad o amaethyddiaeth a cherddoriaeth ar ei orau. Roedd yn ymarfer gwaelod y llais cyn brecwast, yna canol y llais yn y prynhawn. Wrth olchi'r parlwr godro, fin nos, byddai'n ymarfer top y llais. Roedd acwsteg hyfryd yn y llaethdy i ymarfer y dechneg leisiol. Welwch chi ddim unrhyw gyngor tebyg i hyn mewn llyfrau hyfforddiant lleisiol – pawb at y peth y bo – ond mae'n amlwg i fethodoleg anarferol Dai dalu ar ei chanfed!

Ond hwyrach mai'r ffigwr pwysicaf a mwyaf dylanwadol ar ei yrfa oedd Gwilym Gwalchmai. Roedd Gwilym yn feirniad poblogaidd yn eisteddfodau Cymru, ac yn annog cystadleuwyr addawol i fynd am hyfforddiant proffesiynol i Golegau Cerdd neu at athrawon arbennig. Rhoddwyd y ffermwr o Lanilar mewn cysylltiad ag un o hyfforddwyr llais Coleg Manceinion, Colin Jones o Rosllannerchrugog. Bu Dai'n astudio gyda Colin, ac ef fu'n gyfrifol, yn bennaf, am fanwl diwnio ac am wella ansawdd ei lais, gan roddi iddo olwg newydd, hefyd, ar ddehongli'r clasuron.

Yn y saithdegau cynnar bues i'n teithio o gwmpas Cymru gyda pherfformiadau o *Meseia* Handel yn y Gymraeg gyda Chôr Aelwyd Caerdydd a Cherddorfa Ieuenctid y Brifddinas, gydag unawdwyr gwadd. Aethom i nifer o ganolfannau fel Pontypridd ac Ystalyfera i berfformio'r Oratorio enwog. Daeth gwahoddiad oddi wrth Cassie Davies i mi ddod â'r perfformiad i Dregaron ac roeddwn, wrth gwrs, yn falch iawn o'r cyfle i wneud hynny.

Soniodd Miss Davies na fyddai angen i mi sicrhau unawdydd tenor yn y perfformiad oherwydd roedd hi am i David Jones Llanilar, yr enillydd cenedlaethol, ymgymryd â'r rhan honno. Yn yr ymarfer p'nawn, aeth popeth yn iawn gydag adroddgan gyntaf Dai, 'Llonnwch Chwi Fy Mhobl'. Ond yna, yn yr aria ddilynol, 'Pob rhyw bantle a lwyr gyfodir', dechreuodd Dai neidio degau o farrau ar y tro, gan beri trafferth mawr i mi a'r gerddorfa.

Gall un piano neidio barrau yn rhwydd i ddilyn y canwr, ond nid 35 o offerynwyr! Roedd Dai yn cael trafferth cyfrif y barrau'n gywir rhwng y cydiadau lleisiol, a dod mewn yn y man iawn ar ôl yr atganau offerynnol. Mae angen sgiliau ychwanegol, a gwahanol i'r arfer, wrth berfformio gyda cherddorfa!

Mae'r gwahaniaeth rhwng canu gyda phiano neu organ a chanu gyda cherddorfa lawn, yn enfawr, ac yn sioc i'r system. Ond, chware teg i Dai, fe ddwedes i wrtho y byddwn i'n amneidio pob cydiad iddo yn y cyngerdd, ac y byddai popeth yn iawn ond iddo gadw'i lygaid arna i drwy'r amser. Fe chwysodd Dai, ac fe boenais innau, ond thynnodd e mo'i lygaid oddi arna i drwy gydol y perfformiad, chwarae teg iddo, ac wrth i'r oratorio fynd rhagddo, tyfai hyder yr arwr lleol. Roedd e wedi'i deall hi! Fe oedd seren y noson, yn ddi-os, gan dderbyn cymeradwyaeth fyddarol y neuadd orlawn. Erbyn diwedd y perfformiad roedd ei wyneb yn disgleirio â chwys lawn gymaint â'i wallt a oedd yn drwch o Brylcreem! Dyna'r math o gymeriad yw Dai. Mae'r ewyllys a'r gallu i lwyddo yn llosgi'n gryf ynddo ym mha faes bynnag a ddewiso.

Fe sylweddolais yn yr ymarfer fod ei hiwmor yn agos iawn i'r wyneb. Mae'n berson mor hapus, ac yn donic i bawb a ddelo i gysylltiad ag e. 'Cyfaill, cymeriad, crefftwr, canwr, Cymro' – dyna ddisgrifiad un o'i gyfeillion ohono, ac mae'n ffitio i'r dim. Mae ganddo atebiad chwim i unrhyw osodiad, a dawn siarad ag unrhyw un, ar unrhyw lefel. Pan ddwedwyd wrtho, flynyddoedd yn ôl, y dylai ddal ati i'n difyrru tan ei fod mewn gwth o oedran, fel Charlie Chaplin gynt, ei ateb sydyn oedd, 'Mae lot yn dweud 'mod i'n cerdded yn debyg iddo nawr!'

Mae'r gallu cynhenid yma i gyfathrebu wedi ei alluogi i symud yn rhwydd ac yn ddidrafferth o yrfa leisiol amatur, i yrfa gyfryngol ddisglair. Adeg ei ben blwydd yn drigain oed yn 2003, cafodd ei gyf-weld ar y rhaglen radio *Nia a*

33

Hywel. Rhoddwyd teyrngedau di-ri iddo gan ffrindiau wrth edrych yn ôl ar ei yrfa faith. Ie, maith, ac anhygoel o amrywiol! Cofio *Siôn a Siân?* Dyma'r pontio cyntaf rhwng y cantor a'r cyflwynydd. Mae'n debyg iddo ganu ymhell dros saith cant o weithiau ar y rhaglen honno, dros gyfnod o ddwy flynedd ar bymtheg, mewn ymateb i geisiadau wythnosol y gwylwyr. Mae enw Dai Jones Llanilar yn gyfystyr â *Rasus,* wrth gwrs, ac mae'n dal i fod yn arweinydd poblogaidd ar y rhaglenni *Noson Lawen.* Mae ei raglen *Cefn Gwlad* yn dal mor boblogaidd ag erioed ar ôl dwy flynedd ar hugain o ddarlledu.

Cofiwn fod Dai, hefyd, wedi bod yn cyflwyno'r rhaglen *Ar Eich Cais* ar Radio Cymru bob nos Sul ers blynyddoedd maith – rhaglen ac iddi naws gynnes, gartrefol. Ar y rhaglen yma, mae'n debyg, y cyfeiriwyd gyntaf at y tenor poblogaidd Timothy Evans fel *Pavarotti Llanbed* – gan bwy ond Dai, wrth gwrs!

Mae'n hysbys, bellach, bod Dai yn ofni cathod a dŵr, a'i fod e'n methu nofio. Mae e hefyd yn ofni uchderau, ond mae wedi dringo i frig calonnau'r genedl ers amser. Gwyddom ei fod yn hynod frwdfrydig am sgio, a'r *après* sgi. Ydy, mae'n gweithio'n galed, ond mae'n gwybod sut i ymlacio hefyd.

Mae un tro trwstan yn werth sôn amdano. Wrth ffilmio *Cefn Gwlad*, un tro, ar fferm Trebor Edwards, gwelwyd Dai yn cyffwrdd â ffens drydan, a chael sioc! Roedd Trebor yn rholio chwerthin – a Dai'n diawlio! Ond doedd e ddim yn diawlio pan gafodd e siec oddi wrth gynhyrchwyr y rhaglen *TV's Naughtiest Blunders* pan ddangoswyd y clip yn ddiweddar! Rhyfedd meddwl bod y ddau denor hyn, fel y cawn weld yn stori Trebor, wedi serennu ar y fath raglen.

Er yr holl lwyddiant a'r enwogrwydd, yr un yw Dai Llanilar heddiw ag erioed, yn chwim ei feddwl, yn gyfoethog ei ymadrodd, a'i draed yn gadarn ar y ddaear. Dyfarnwyd yr MBE iddo am ei waith ym myd y cyfryngau yng Nghymru, ond ni fedrai fynychu'r seremoni wreiddiol gan ei bod yn gyfnod wyna ar y fferm! Nodweddiadol! A sôn am wyna, cofiaf gael gair ag e ar y ffôn pan oedd yn brysur gyda'r ŵyn. 'Prysur?' meddai, 'Paid â sôn! Ma' nhw'n dod fel ceser!' Hyfryd o ddisgrifiad.

Ie, ffarmwr yw Dai yn y bôn, ac mae ei ddiddordebau personol yn troi o gwmpas byd y fferm. Un hobi yw casglu ffyn. Mae ganddo fe ryw ddeg ar hugain i gyd, ac mae e wrth ei fodd yn eu trafod a'u hedmygu!

Rhai o'r hoff ffyn

Llond y cwpwrdd o wobrau – y rhai mwya diweddar am y sioeau

Ar ei ffordd i fwydo Cathedyn Welsh Lady a Llanilar Seren

Tan ryw ddeg mlynedd yn ôl bu'r teulu'n cadw ac yn arddangos gwartheg godro Freisian, gan ennill yn aml iawn yn y sioeau. Mae Gwartheg Duon Cymreig i'w gweld ar y fferm erbyn heddiw, ac mae'n debyg bod yr awydd i gystadlu'n dal yn fyw! Ond y diddordeb mwya ar hyn o bryd yw bridio ceffylau – y Cob Cymreig [Adran D, i'r rhai sy'n wybodus yn y maes yma!]. Mae'n debyg bod tad-cu Dai yn berchen ar gaseg o'r enw Wyre Star, oedd yn enwog yn yr ardal. Dymuniad Dai oedd cael ceffyl oedd yn perthyn i'r gaseg honno, ac yn wir, yn 2004, bu mor ffodus â dod o hyd i wyres Wyre Star, Cathedyn Welsh Lady, sy'n bump ar hugain oed erbyn hyn. Eleni, fodd bynnag, cafwyd eboles ganddi, ac fe'i henwyd yn Llanilar Seren.

Nid yw Dai'n canu ryw lawer y dyddiau hyn, ar wahân, efallai, wrth dendio'r cobiau. Roedd e'n un o dri thenor ar lwyfan Llangollen ryw flwyddyn neu ddwy yn ôl, a bu'n canu deuawd gyda Margaret Williams ar y rhaglen deledu *Nia* eleni, gydag Alwyn Humphreys yn cyfeilio. Wrth iddo ganu, fedrwn i ddim peidio â meddwl am y tenor ifanc yn yr eisteddfodau gwledig ddeugain mlynedd yn ôl. Rhyfedd meddwl bod cynifer o'n cantorion a'n hactorion wedi bwrw'u prentisiaeth a magu hyder fel perfformwyr mewn cyfarfodydd bychain lleol cyffelyb. Dyma'r lle i ddysgu sut i gyfathrebu â chynulleidfa, mae'n rhaid!

Braf oedd clywed cantorion eraill, Washington James a Trebor Edwards, yn rhoi geirda i Dai ar y rhaglen radio *Nia a Hywel*. Meddai Trebor amdano, 'Un o'r werin bobl sydd yn gweld pawb bob amser yw Dai. Mae e'n cynrychioli cefn gwlad ar ei orau'.

Ac mae'r teyrngedau a'r anrhydeddau'n dal i lifo i mewn. Eleni fe'i gwnaed yn Gymrawd BAFTA Cymru am ei gyfraniad i fyd y teledu; enillodd Wobr Syr Bryner Jones yn Sioe Amaethyddol Frenhinol Cymru am ei gyfraniad i'r byd amaethyddol ac, i goroni'r cyfan, fe'i gwnaed yn Gymrawd Coleg Prifysgol Cymru Aberystwyth.

Ond canu a'i gwnaeth yn enwog gyntaf. Swynodd genedl gyfan â chyfaredd ei lais. Yn sicr, mae e'n un o'n Cantorion o Fri.

Dai a'i werin bobol

Dai, gyda'i ffon a'i ffyddlon gŵn ar y ffordd i dendio'r defaid

Tegwyn Roberts

Tom yn creu record newydd yn Nhyddewi

TOM GWANAS

Y canlyniad olaf oddi ar lwyfan Eisteddfod Tyddewi, 2002, ar y nos Sadwrn derfynol, oedd dyfarniad y beirniaid yng Nghystadleuaeth Goffa David Ellis, y Rhuban Glas. Pan ddechreuodd Brian Hughes draddodi'r feirniadaeth ar ran y panel, roedd y chwe chystadleuydd, y gynulleidfa yn y pafiliwn a'r gynulleidfa deledu o filoedd, gartref, yn gwrando'n astud ar bob sill. Y cwestiwn ym meddwl pawb oedd, a fyddai Tom Gwanas yn cipio'r Rhuban Glas unwaith yn rhagor?

'. . . ac mae'n ennill y wobr am yr eildro – Tom Gwanas!' Boddwyd gweddill ei eiriau gan fonllefau a chymeradwyaeth y gynulleidfa. Roedd y *come-back kid* wedi cyflawni'r dwbl, gan ymuno â chriw bychan, dethol o gystadleuwyr a gyflawnodd y gamp honno. Roedd yn dilyn ôl traed un o faswyr mawr y genedl, y diweddar Richard Rees, Pennal, a enillodd yn Aberystwyth yn 1952 a Phwllheli yn 1955.

Doedd Tom ddim wedi cystadlu yn y Genedlaethol ers ennill y Rhuban Glas yn Abergwaun yn 1986. Ni wnaeth yr un cystadleuydd arall, am wn i, gyrraedd y brig am yr eildro ar ôl bwlch o bymtheng mlynedd yn y cystadlu!

Roedd cyrraedd pinacl unawdol y Genedlaethol yn goron ar yrfa gystadleuol o ryw hanner can mlynedd a mwy i Tom Gwanas. Mewn cyfweliad yn dilyn ei fuddugoliaeth yn 2002 meddai, 'Mae canu fel cyffur i mi!' Mae'n siŵr fod cystadleuwyr Cymru'n flin, a hwyrach yn falch hefyd, pan glywsant Tom yn dweud wrth gloi'r cyfweliad, '. . . ond dyma'r tro olaf y bydda i'n cerdded i fyny i'r llwyfan i gystadlu'.

Ces wefr fawr, droeon, wrth feirniadu Tom mewn

39

eisteddfodau mawr a bach ym mhob rhan o Gymru. Roedd yn gystadleuydd peryg bob amser ac yn hawlio sylw a pharch ei gyd-gystadleuwyr yn ogystal â'r beirniaid. Mae'n gystadleuydd mor frwdfrydig, yn ymhyfrydu yn y safonau gorau. Chlywais i erioed berfformiad gwael ganddo ar lwyfan. Cantor gonest a diffuant ydyw, yn bendant.

Pan ddeuai'r ffermwr o'r Brithdir a'i ffrindiau i mewn i neuaddau pentref i gystadlu yn yr hwyr, fe glywech sibrwd o'ch cwmpas 'Ma' Tom 'ma!', ac wrth iddo gerdded ymlaen i gystadlu ar yr Unawd Gymraeg a'r Her Unawd, byddai rhyw *buzz* yn mynd o gwmpas y neuadd. Gwyddai pawb pwy yn union oedd Tom! Go brin y byddai neb yn ei nabod wrth yr enw Geraint T. Evans. Mae nifer o ffrindiau ac ysgrifenyddion eisteddfodau a chyngherddau wedi chwilio'n ofer yn y llyfr ffôn am yr enw 'Tom Gwanas' wrth ei wahodd i ganu!

Treuliodd wyth mlynedd cyntaf ei fywyd yn Fferm Cwm Hafod Oer, nid nepell o groesffordd enwog Cross Foxes. Symudodd y teulu i fferm Gwanas yn ystod eira mawr 1947, ac yno mae ei gartref hyd heddiw. Wrth ddisgyn i lawr o fwlch Dinas Mawddwy mae'r fferm bron ar groesffordd yr A 470 sy'n arwain at Ddolgellau a Brithdir. Ffermdy hynafol iawn ydyw, sy'n dyddio 'nôl i 1284 .

Gwanas – y ffermdy

Yr un Gwanas yw hwn â'r Gwanas a geir yn yr alaw werin adnabyddus, 'Wrth Fynd Efo Deio i Dywyn'!

> Dod ymlaen a heibio'r Dinas
> Bara a llaeth a gaed yng Ngwanas
> [*Cwlwm*, Gareth Glyn]

neu

> Bara a chaws a chwrw 'Ngwanas
> [*Cân Di Bennill*, D.Geraint Lewis a Delyth Hopkins Evans]

Mae'n debyg mai ystyr y gair Gwanas, yn wreiddiol, oedd math o beg ar y wal i gadw offer ceffylau, ond datblygodd dros y blynyddoedd i olygu 'lle i aros'. Roedd hosbis yno ar un adeg, yn ôl yr hanes. Yn wir, mae hanes yn drwch yn y parthau hyn. Dyma ardal y Crynwyr a lleoliad nofel Marion Eames, *Y Stafell Ddirgel*.

Amaethyddiaeth fu galwedigaeth teulu'r Evansiaid ers cenedlaethau – defaid a gwartheg, gan mwyaf. Dyma filltir sgwâr y cantor a enillodd yr Unawd Baritôn yn y Genedlaethol naw gwaith – record anhygoel yn wir!

Doedd Tom ddim yn arbennig o hoff o fywyd yr ysgol. Ysu ydoedd am fod gartre, yn gweithio ar y fferm – dyna'i unig uchelgais mewn bywyd. Doedd ganddo ddim diddordeb, felly, mewn gwneud gyrfa o'r canu, ond roedd yn mwynhau cystadlu ac unwaith y cyrhaeddai lwyfan eisteddfod, yr oedd yn gwbl benderfynol. Mae'n medru disgyblu'i hun ar lwyfan ac mewn rhagbrawf, gan sicrhau mai ei orau a glywir bob tro. Mae'r hunanhyder a'r adrenalin yn llifo tra'i fod yn perfformio.

Ar lwyfan eisteddfodau lleol y cafodd Tom ei brofiadau cyhoeddus cyntaf. Rhoddodd Eisteddfod Brithdir a 'chyfarfod bach y pentre' yng Nghapel Rhiwspardyn a Chapel Tabor, gyfle i'r bachgen ifanc fwrw'i brentisiaeth a magu hyder fyddai'n talu ar ei ganfed yn y dyfodol.

Y cystadleuydd ifanc, brwd

Roedd cerddoriaeth yn elfen bwysig ym mywyd y teulu ar aelwyd Gwanas. Bob tro y byddwn yn arwain Cymanfa yn Nolgellau, byddai rhieni Tom yno ar y galeri yn mwynhau'r canu a'r addoli. Buont yn gefnogol i gymanfaoedd yr ardal am flynyddoedd maith a hefyd yn gefnogol i Tom yn ei yrfa fel unawdydd. Teulu 'y pethe' oeddynt, bid siŵr. Mae Tom yn hoffi sôn am y cyfnod y bu'n mynd gyda'i dad, Llew, i gymanfaoedd Corris. Roedd gan Llew Gwanas lais baswr cyfoethog, ac roedd yn aelod o Gôr Meibion Dolgellau. Roedd ei fam, Annie Meirion, hefyd yn unawdydd medrus ac yn cystadlu'n rheolaidd. Digon hawdd, felly, fyddai olrhain genynnau cerddorol cryf ar ddwy ochr y teulu.

Alto oedd Tom yn fachgen ifanc, ac roedd mynychu eisteddfodau a chymanfaoedd yn rhoi cyfle iddo ymarfer y sol-ffa a ddysgai yn Ysgol Gynradd Brithdir. Dywed ei fod yn hapusach yn darllen sol-ffa, ond erbyn hyn mae'n weddol gyffyrddus yn yr hen nodiant hefyd. Dysgodd ddarllen cerddoriaeth, fel y dwedwyd, yn yr ysgol gynradd, ond chafodd e ddim cyfle i ymestyn ei dalentau lleisiol yn yr ysgol uwchradd, Ysgol Ramadeg y Bechgyn, Dolgellau. Doedd dim Cwricwlwm Cenedlaethol yno bryd hynny i orfodi gwersi mewn Cerddoriaeth; dim ond un wers ganu yr wythnos a gawsent, ac yn y gwersi hynny, yr hyn a ddysgent oedd caneuon clasurol megis 'Who is Sylvia?'

Nid digwyddiad anghyffredin fyddai gweld Tom a'i

frawd yn cystadlu yn erbyn ei gilydd ar lwyfan eisteddfod. Buon nhw'n cystadlu yn erbyn ei gilydd hyd yn oed ar lwyfan Eisteddfod Ryngwladol Llangollen! Mae Tom yn dal, a lluniaidd ei gorff ond mae Trebor, ei frawd iau, yn dalach fyth, ac yn lletach – cawr o ganwr! Mae gan Trebor, hefyd, lais ardderchog – annheg, medd rhai, fod dau lais mor wych yn yr un teulu! Dyfernais nifer o wobrwyon i Trebor dros y blynyddoedd, ond roedd mwy o sêl a brwdfrydedd gan Tom tuag at gystadlu, mae'n debyg. Mae Tom yn berson penderfynol iawn, ac unwaith y mae'n rhoi ei fryd ar gystadleuaeth, yna bydd ymdrech gant y cant yn dilyn.

Mae dwy chwaer, hefyd, yn perthyn i deulu Gwanas, Gwenan a Rhiannon. Fel eu brodyr, mae'r merched, hwythau, yn gerddorol dros ben. Bu'r chwaer hynaf, Gwenan, yn arwain Côr Meibion Machynlleth ar un adeg, ac mae'r ieuengaf, Rhiannon, yn arweinydd cymanfaoedd yn yr Unol Daleithiau.

Fel y rhan fwyaf o blant yr ardal, cafodd Tom wersi piano yn Nolgellau, ond chafodd fawr o hwyl arni. Gwell ganddo ymarfer rygbi ar y caeau nag ymarfer graddfeydd ac arpeggi bondigrybwyll ar ei ben ei hun yn y parlwr! Hawdd dychmygu Tom yn chwarae yn ail reng y blaenwyr ar y Marian yn Nolgellau! Mae'n rhaid bod 'na gydberthynas agos rhwng baritoniaid a chwaraeon, oherwydd cofiaf weld Bryn Terfel yn chwarae pêl-droed sawl gwaith y tu allan i ryw 'steddfod leol tra 'mod i ar y llwyfan yn beirniadu ei gystadleuaeth! (Byddai'i fam, fodd bynnag, i mewn yn gwrando ar y dyfarniad!)

Mae'n amlwg fod Tom wedi cyfaddawdu rhwng y canu a'r chwarae wrth iddo ddechrau cystadlu yn ei arddegau yn Eisteddfodau'r Urdd ac Eisteddfodau'r Ffermwyr Ifainc. Anfynych, serch hynny, y gwelwyd Tom ar lwyfan Prifwyl yr Urdd, oherwydd roedd e'n cael ei guro'n rheolaidd yn Eisteddfod Sir Cylch Dolgellau gan fariton ardderchog arall, Alun Watkins. Alun fyddai'n mynd drwodd i'r

Genedlaethol bob tro, nid Tom. Mewn gwirionedd, ni ddaeth llwyddiant i Tom Gwanas tan ei fod dros bump ar hugain oed wrth i'w lais ddatblygu ac aeddfedu.

Mae wedi astudio perfformiadau'r mawrion dros y blynyddoedd ac mae'n cofio'n arbennig lais y baswr enwog, Harvey Allen – un o'i eilunod pan oedd yn laslanc ac yn dechrau canu o ddifri. Aeth Tom ddim i goleg neu ysgol gerdd i astudio'r llais, fel y cyfryw, ond nid yw'n edifar ganddo am hynny. Yn bersonol, mi wn am nifer o gantorion naturiol, da a newidiodd eu techneg o ganu ar ôl mynd i'r coleg, ac erbyn heddiw mae'r llais wedi mynd, neu mae 'na gryndod a *vibrato* annisgybledig ynddo. Nid felly gyda Tom. Hyd y dydd heddiw, mae'r llais melfedaidd yma wedi aros yn bur a chyfoethog. Cyfaddefa Tom nad yw'n mynd trwy ryw ddefod i gynhesu'r llais cyn canu, fel y gwna nifer helaeth o'n cantorion. Mae techneg naturiol, hyfryd ganddo sy'n ei alluogi i gyrraedd nodau uchel yn gryf a'u dal yno am nifer o farrau.

Yn ystod ei yrfa, serch hynny, mae Tom wedi derbyn cymorth nifer o gerddorion lleol wrth iddo baratoi darnau ar gyfer cystadlu, a chyflwyno datganiadau. Mae hyn, wrth gwrs, yn beth cyffredin yn yr ardaloedd gwledig. Fel arfer, cyfeilyddion corau neu organyddion capeli lleol ydynt. Maent yn cyflawni swyddogaeth bwysig mewn cymdeithas, gan sicrhau bod amaturiaid fel Tom yn dysgu darnau yn drwyadl. Bu Elen Elis Thomas a'i mam, Elsie, cyn-gyfeilyddes Côr Meibion Dolgellau, yn gymorth mawr i ddysgu darnau eisteddfodol i'r ffermwr ifanc. Hefyd bu Ifan Maldwyn yn rhoi hyfforddiant iddo am gyfnod byr. Ifan oedd mentor a hyfforddwr Richard Rees.

Roedd y flwyddyn 1970 yn flwyddyn dda i Tom yn y byd cystadlu, ac yn drobwynt yn ei fywyd, gan iddo ennill yn y Genedlaethol am y tro cyntaf ar y gystadleuaeth Bariton Agored yn Rhydaman. Doedd ei yrfa gystadleuol tan hynny ddim wedi bod yn arbennig o gofiadwy, ond yn sydyn daeth Cymru gyfan i wybod am Tom Gwanas ac i adnabod llais unigryw y ffermwr o'r Brithdir. Y darnau prawf yn Rhydaman oedd 'Berwyn', a'r 'Crwydryn' gan Schubert. Dyna'r flwyddyn, gyda llaw, y gorffennais i fy ngyrfa gystadleuol gyda Chôr Aelwyd Caerdydd, felly mae cof da gen i am berfformiadau Tom Gwanas ar yr Unawd Bariton yn Eisteddfod Rhydaman.

Ar yr un adeg, roedd yn aelod o Gwmni Operatig y Bermo, gan ymddangos mewn cynyrchiadau Gilbert a Sullivan megis *Pirates of Penzance.* Roedd gan y cwmni *répétiteur* a fyddai'n gweithio gyda'r unawdwyr yn unig. Hi, Ellen Southall, fu'n bennaf cyfrifol am baratoi Tom ar gyfer Rhydaman. Ac eto rhaid cofio, er pwysiced y gwaith dysgu ac ymarfer yn drwyadl cyn y gystadleuaeth, mae'n rhaid i gantor fynd allan ar y llwyfan a chyfathrebu â'r gynulleidfa a'r beirniaid. Mae hynny'n rhan hanfodol o'r perfformio. Dyma un o gryfderau mawr Tom Gwanas.

Mae nifer o'm cyd-feirniaid wedi awgrymu y gallai Tom fod wedi gwneud gyrfa broffesiynol iddo'i hun yn y byd canu. Yn wir, fe gafodd sawl cyfle i wneud hynny ond doedd ganddo ddim amheuaeth mai fel amatur yr oedd am aros – 'Doedd troi'n broffesiynol ddim yn ffasiwn pan o'n i'n ifanc – ffarmio oeddwn i eisie neud!' meddai mewn cyfweliad teledu'n ddiweddar. Dyna'r penderfyniad iawn yn fy marn i. Mab y pridd ydyw; mae ei galon yn agos iawn at y tir a bro ei febyd, ac ni chredaf y byddai wedi bod yn hapus yn y byd cerddorol proffesiynol sydd ohoni, gyda'r holl bwysau a'r gystadleuaeth ddidrugaredd. Canwr *pro/am* yw Tom – amatur o ran galwedigaeth ond proffesiynol o ran safonau a sgiliau.

Rhyw ffermwr, gwerinwr yw,
Di-hid o ymffrost ydyw

Dyna'r agoriad i gerdd deyrnged gan Al Tycoch, aelod o Gôr Godre'r Aran, ar achlysur dathlu buddugoliaeth Rhuban Glas Tom yn 2002.

Ar dir Gwanas, a Chader Idris yn y cefndir

Oherwydd enwogrwydd a champau lleisiol Tom, roedd yr athrawon ysgol lleol yn disgwyl y byddai pob un o'i blant, hefyd, yn medru canu'n dda. Ond i'r gwrthwyneb. Cefnodd y plant ar y byd cerddoriaeth oherwydd y disgwyliadau a'r pwysau. Mae Tom a'i wraig, Mair, bellach yn eu chwe degau cynnar, ac wedi profi'r melys a'r chwerw wrth fagu a chodi teulu o bedwar o blant yn y Gwanas – tair merch ac un bachgen. Un o'r Bala yw Mair, ac yno y mae un o'r merched, Llinos, yn byw. Er crwydro'r byd, mae Bethan Gwanas, y ferch hynaf, wedi ymgartrefu 'nôl yn ymyl Dolgellau, ac wedi cael hwyl arbennig yn llenydda a chreu'r cyfresi llwyddiannus *Amdani* ac *Ar y Lein* ar gyfer S4C.

Daeth cwmwl du dros y teulu pan gollwyd y chwaer arall, Glesni, mewn damwain erchyll yn y Dwyrain Pell rai blynyddoedd yn ôl, a hithau ar ei ffordd o amgylch y byd. Roedd Glesni'n ddawnswraig osgeiddig, a chawsom ninnau, staff Ysgol Glantaf, Caerdydd, y pleser a'r fraint o'i hadnabod am gyfnod rhy fyr o lawer. Coffadwriaeth hyfryd am ferch ifanc landeg a thalentog.

Bellach, mae Geraint, yr unig fab, yn cyd-ffermio yn y Gwanas, ac mae'n gaffaeliad i'w rieni wrth ofalu am y stad tra bo Tom yn crwydro'r byd yn canu. Cafodd Tom wahoddiadau i ganu mewn gwledydd fel Israel, yr Unol Daleithiau, Nigeria, yr Almaen a Hong Kong. Ynghanol yr holl deithio a'r gwaith amaethyddol, cafodd amser hefyd i recordio tair cryno-ddisg o ganeuon ar label Sain.

Tom a'r teulu
(o'r chwith i'r dde) Geraint, Mair, Bethan, Tom, Glesni a Llinos

Dyw pob unawdydd adnabyddus ddim yn hoff o ganu mewn côr ac ymdoddi i gorff o leisiau eraill, ond nid felly Tom Gwanas! Bu'n aelod o'r côr meibion enwog Côr Godre'r Aran ers pymtheg mlynedd ar hugain, ac yn unawdydd yn y cyngherddau, hefyd. Cafodd gyfle i deithio gyda'r côr i ben draw'r byd yn Awstralia a Seland Newydd fwy nag unwaith. Bu'r côr yno y llynedd ar daith yn ystod Cystadleuaeth Rygbi Cwpan y Byd. Aeth Tom ac eraill i Stadiwm Telstra yn Sydney i gefnogi tîm Cymru yn erbyn Seland Newydd – mae'r diddordeb mewn rygbi mor fyw ag erioed.

Ers i Eirian Owen ddod yn arweinydd y côr, bu'n hyfforddi Tom ac yn cyfeilio'n rheolaidd iddo mewn cyngherddau a chystadlaethau eisteddfodol. Hefyd, fe ffurfiodd hi driawd o aelodau'r côr dan y pennawd 'Y Tri Baswr'. Y tri gwreiddiol oedd Tom, Trebor Lloyd Evans (nid y brawd!), a'r diweddar annwyl Alun Jones o'r Bala. Cofiaf yn dda pan ymddangosodd y triawd ar derfyn Eisteddfod Llanuwchllyn rai blynyddoedd yn ôl yn morio 'Hawl i fyw'. Yn lle Alun daeth dau leisiwr gwych arall, Iwan Wyn Parry a Siôn Goronwy.

Caiff Tom y cyfle i ganu unawdau mewn cyngherddau tra bo'r côr yn cael hoe. Mae e'n hoff o gyfansoddwyr rhamantaidd, dramatig fel Verdi, cyfansoddwr yr unawd a glywais droeon gan Tom, 'Eri tu!' Mae e hefyd yn hoff o ganu *arias* o fyd yr Oratorio fel 'Yr Utgorn a Gân' o'r *Meseia*, a hefyd y clasur o *Elïas* gan Mendelssohn, 'Digon yw Hyn'. Ond yn ôl Tom, ac mae aelodau Côr Godre'r Aran yn cytuno, un o'i berfformiadau mwyaf gwefreiddiol a chofiadwy erioed oedd y 'Credo' yn Neuadd y Ddinas yn Sydney, Awstralia, yn ystod un o deithiau'r Côr.

Mae Gorsedd y Beirdd eisoes wedi cydnabod cyfraniad Tom i ddiwylliant ein cenedl. Gwnaeth HTV, hefyd, gydnabod ei ddoniau lleisiol wrth i Arfon Haines Davies ei ddal yn y rhaglen syrpréis, *Pen-blwydd Hapus,* dro'n ôl. Ac yn 2003 roedd Pwyllgor Eisteddfod Genedlaethol Meifod wedi taro deuddeg, yn fy marn i, trwy wahodd Tom yn un o'r pedwar unawdydd yng nghyngerdd y côr yn yr offeren *Nelson*. Ffordd o ddweud diolch am yr holl ymdrechion a wnaeth wrth gystadlu'n llwyddiannus dros gyfnod o chwarter canrif a mwy.

Wrth sgwrsio â Tom, fe sylweddolech yn fuan bod hiwmor iach yn agos iawn i'r wyneb. Mae'n hoff o adrodd yr hanes pan sylweddolodd nad oedd ganddo bâr o gyfflincs i'w grys, funudau'n unig cyn mynd ar y llwyfan mewn cyngerdd mawreddog yn Gorslas. Fe lwyddwyd i ddod o hyd i ddarn o gortyn, a gwelwyd y soprano, Rebecca Evans, yn rhedeg y cortyn drwy'r rhywllyn yn llawes y crys. Doedd dim siswrn ar gael i dorri'r cortyn felly yr hyn a wnaeth yr arweinydd, Terry James, oedd llosgi'r cortyn yn y mannau priodol gyda matsen! Dyna beth oedd helynt!

Un flwyddyn, roedd Tom a Trebor Gwanas yn cystadlu yn erbyn ei gilydd yn y Gystadleuaeth Agored i Faritoniaid yn Llangollen – Trebor yn cael ei hyfforddi gan Colin Jones y Rhos, a Tom, yntau, yn derbyn hyfforddiant gan Eirian Owen, Dolgellau. Mae'n rhaid fod rhieni'r ddau frawd mor falch fod y ddau wedi cyrraedd y llwyfan – tebyg i rieni'r chwiorydd Selina a Venus Williams yn Wimbledon, mae'n siŵr! Tom Gwanas ddaeth yn gyntaf, Aled Edwards yn ail, a Trebor Gwanas yn drydydd.

Un o binaclau gyrfa Tom oedd ennill gwobr arbennig Eisteddfod Ryngwladol Llangollen, y *Princeps Cantorum* – Prif Gantor yr Ŵyl. Yr arfer yn Eisteddfod Llangollen bryd hynny oedd bod enillydd pob categori lleisiol yn mynd i neuadd y dref i gael rhagbrawf arall, a'r beirniaid yno yn dewis dau yn unig i ymgiprys am y wobr ar y llwyfan. Mae ennill y wobr hon, felly, yn dipyn o gamp – ac fe wnaeth Tom hynny ddwywaith, yn 1984 ac yn 1989! Ef yw'r unig gantor i ennill y wobr arbennig hon ddwywaith.

Wrth baratoi ar gyfer cyngerdd yn ystod Gwanwyn 2002, cafodd Tom wybod gan Eirian fod darnau gosod y gystadleuaeth Unawd Bariton y flwyddyn honno yn siwtio'i lais i'r dim. Er bod dros bymtheng mlynedd wedi mynd heibio ers i Tom ennill y Rhuban Glas yn Abergwaun yn 1986, roedd yr hen awydd a'r ysfa i gystadlu yn dal yn ei fol. Penderfynodd roi cynnig arni unwaith yn rhagor.

Bu'n paratoi yn y dirgel, heb yngan gair wrth neb – dim ond trefnwyr yr Eisteddfod a wyddai, trwy dderbyn ei ffurflen gais ym mis Mai. Bu problem, fodd bynnag, wrth bacio'r garafán i fynd i lawr i Sir Benfro ar ddechrau Awst.

Ni wyddai Mair ddim oll am ei fwriad i gystadlu, a methai'n lân â deall pam oedd angen i Tom fynd â siwt ddu a thei bo i'w gwisgo o gwmpas Maes yr Eisteddfod! [A sôn am 'dei bo', mae Tom yn credu mai fo gychwynnodd yr arferiad o wisgo siwt ddu a thei bo ar gyfer cystadleuaeth y Rhuban Glas – a hynny yn Llangefni yn 1983.]

Yn ystod y pum mlynedd ar hugain y bûm i'n beirniadu yn y Genedlaethol, mae'n arferiad i nifer o gyn-enillwyr a chefnogwyr, yn ogystal â'r cystadleuwyr, gwrdd yn y capel lle cynhelir rhagbrofion y tenoriaid, y baritoniaid a'r baswyr yn ystod yr wythnos. Maen nhw fel rhyw glwb arbennig sy'n adnewyddu cyfeillgarwch yn flynyddol ac yn gwrando'n astud ar y cystadlu cyn mynd allan i drafod y rhagbrawf. Yna dônt yn ôl i'r capel i glywed pwy yw'r tri fydd ar y llwyfan drannoeth. Felly, doedd gweld Tom Gwanas yn rhagbrawf y Baritoniaid yn Nhyddewi ddim yn ddigwyddiad anarferol, oherwydd bu Tom yn mynychu'r rhagbrofion ers hydoedd fel aelod o'r 'clwb' arbennig hwn!

Fel arfer mae clerc y rhagbrawf yn galw enwau'r cystadleuwyr drosodd a thro nes cael yr ateb 'Yma' gan bob un sydd wedi anfon ei enw i mewn. Er mwyn cadw'r gyfrinach oddi wrth ei ffrindiau tan y funud olaf oll, trefnodd Tom fod ffrind iddo'n dweud yn dawel fach wrth glerc y rhagbrawf ar y dechrau, fod Tom Evans yn bresennol. Ni fu'n rhaid i'r clerc, felly, gyhoeddi'r enw hyd nes y byddai Tom yn cystadlu.

Pan glywyd y cyhoeddiad mai Tom Evans fyddai'r nesaf i ganu, hawdd y gallai pawb dybio mai rhyw Tom Evans ifanc, newydd ydoedd, ond o weld Tom Evans Gwanas yn codi ac yn mynd ymlaen at y cyfeilydd i gael gair, roedd cegau'r gynulleidfa niferus yn agored led y pen mewn syfrdandod mud!

Wrth gwrs, fel pob cystadleuydd diymhongar, doedd gan Tom ddim darn hunanddewisiad yn barod i'r Rhuban Glas, ac fe benderfynodd ganu 'Tyrd Olau Mwyn'. Do, fe weithiodd hud a lledrith Dyfed unwaith eto!

Mae'r hanes hwn, bellach, yn rhan o chwedloniaeth y Genedlaethol. Yn ystod mis Medi 2002 trefnwyd nifer o achlysuron er clod i'r bariton poblogaidd, ac i gofnodi'r gamp o ennill yr Unawd Bariton naw gwaith a'r Rhuban Glas ddwywaith. Anodd meddwl y gall unrhyw un guro'r record wych hon.

Lluniwyd sawl teyrnged iddo gan feirdd yr ardal, ac maen nhw'n hongian yn urddasol ar feini hynafol y fferm. Yn eu mysg mae cywydd o waith Tecwyn Owen o Ddolgellau. Dyma'r dyfyniad sy'n cyfeirio at ddarn hunanddewisiad Tom – y darn a ganodd wrth ffarwelio â llwyfan y Brifwyl, fel cystadleuydd, am y tro olaf.

> A'i aeddfed nodau addfwyn
> Yn y Maes, a'r 'Golau Mwyn'
> Yn morio yn llesmeiriol –
> Nodau aur dros fryn a dôl.

Tom a'i Ruban Glas enwog

Tegwyn Roberts

51

Trebor, y tenor bytholwyrdd

Sain

TREBOR EDWARDS

WRTH i'r tenor enwog o Fetws Gwerful Goch, ger Corwen, ymadael â Neuadd Fawr Aberystwyth wedi cyngerdd llwyddiannus arall, dyma un o'r gynulleidfa'n gafael yn dynn yn ei fraich gan ddweud, 'Ydach chi'n sylweddoli be 'dach chi'n 'i ganu? Rwy'n chwarae eich record *Un dydd ar y tro* bob dydd, ac rwy'n byw, yn llythrennol, un dydd ar y tro!' Fe wyddai'r hen wraig mai ond ychydig iawn o amser oedd ar ôl ganddi i fyw oherwydd afiechyd angheuol. Dyma hanesyn emosiynol am un o'r ffans dirifedi a gyffyrddwyd gan lais euraidd Trebor Edwards. Ydy, mae e'n llawn sylweddoli beth mae e'n ei ganu, ac mae'n cyfathrebu â'i gynulleidfa â diffuantrwydd cynnes.

Un arall o nodweddion Trebor yw eglurder ei ynganu. Cofia'r cyngor a gafodd gan ei daid, Clement Jones, pan oedd yn blentyn bach, 'Os nad ydy pobl yn dallt be ti'n ei ganu, 'sdim diben i ti ganu o gwbl!'

Hyd y dydd heddiw mae ein tenor poblogaidd yn cofio'r neges bwysig yng ngeiriau'r hen wraig a chyngor ei daid. Wrth iddo deithio dros dir a môr ac ar draws cyfandiroedd y byd yn diddanu'r lliaws cefnogwyr gyda'i lais tenor seingar, mae ei neges yn ddiffuant a'r geiriau'n glir: 'Mae ddoe wedi mynd, yfory gall fod yn rhy hwyr'.

Saif Trebor yn llinach tenoriaid mwyaf poblogaidd Cymru, fel David Lloyd, a Richie Thomas, Penmachno. Ar ôl ennill gwobrau niferus yn ei arddegau mewn sioeau talent tebyg i'r gyfres *Opportunity Knocks* 'slawer dydd, rhoddwyd iddo'r label *The boy with the golden voice* gan un golygydd papur newydd yn y Gogledd. Geiriau proffwydol, yn wir, oherwydd byddai Trebor, ymhen amser, yn derbyn pump o ddisgiau aur am werthiant ei recordiau yn eu miloedd! Record wych gan gantor nad oedd ag unrhyw uchelgais lleisiol yn y byd wrth iddo ymadael ag Ysgol Uwchradd y Berwyn, y Bala, yn 1955, yn un ar bymtheg oed.

Er bod trwydded teithio Trebor Edwards yn cynnwys stampiau gwledydd megis Hong Kong, yr Unol Daleithiau a Chanada, eto i gyd, gŵr y filltir sgwâr ydyw. Trowch fyny'r lôn wrth gyrraedd goleuadau traffig Corwen, ac ymhen milltir neu ddwy byddwch yn disgyn i lawr allt serth i ganol pentref Betws Gwerful Goch. Dyma gynefin Trebor – bro ei febyd. Ac i ble bynnag y mae'n teithio i ganu mewn cyngherddau ledled y byd, yn ôl i hafan a sicrwydd ei gartref, Bryn Alaw, ac i blith ei ffrindiau, y mae'n hoffi dod.

Nid nepell o gartre presennol Trebor a'i wraig, Ann, mae Capel y Gro, lle y cafodd ei gyfle cyntaf i ganu'n gyhoeddus ym mhedwardegau'r ganrif ddiwethaf! Yn y capel hwnnw y bu'n ymarfer *modulator* John Curwen wrth draed ei Gamaliel cerddorol – Taid. Trwy gyfrwng sol-ffa y mae Trebor yn darllen ac yn dysgu ei ganeuon – yr un system a ddysgodd cenedlaethau o Gymry i ddarllen a gwerthfawrogi gweithiau'r meistri.

Mae Trebor yn mynychu Capel y Gro'n gyson; roedd yn aelod o Aelwyd yr Urdd, Betws Gwerful Goch, ac yn ddiweddarach yn arweinydd a chefnogwr brwdfrydig o Aelwyd Bro Gwerful. Yn ogystal â hyn, mae'n gadeirydd ar Fwrdd Llywodraethwyr yr ysgol gynradd leol, ac yn aelod o bron bob pwyllgor sy'n bodoli yn y pentref. Tystia pa mor falch ydyw o fedru cyfrannu at y gymdeithas glòs a roes iddo bob cefnogaeth yn ei yrfa fel cantor.

Er ei fod yn drigain a phedair oed yn 2004, mae ei lais tenor bytholwyrdd a'i wyneb ifanc, ffres yn dal i ennill iddo gefnogaeth fyd-eang. Mae e wedi llwyddo, trwy gyfrwng ei ganeuon, i ennill parch ac edmygedd cenedlaethau o wrandawyr Cymraeg a di-Gymraeg fel ei gilydd. Mae'r gwahoddiadau'n dal i lifo i mewn oddi wrth fudiadau a chymdeithasau sy'n awyddus i sicrhau ei wasanaeth. Ann sy'n gofalu am y dyddiadur, ac wedi gwneud hynny yn llwyddiannus ers iddyn nhw briodi yn 1960.

Wedi ffarwelio ag Ysgol Uwchradd y Berwyn, dim ond ffermio oedd ar feddwl y llanc ifanc o'r Betws. Ac eto, nid ar fferm y magwyd Trebor ond mewn bwthyn bach o'r enw Tŷ Newydd, ar ben yr allt sy'n arwain i lawr at y pentref. Nid ffermwr mo'i dad ond dyn hel 'swiriant, i gychwyn, cyn symud i weithio dros y Weinyddiaeth Amaeth yn Rhuthun a Bangor. Yn y bwthyn bach hwn y trigai rhieni Trebor a'i dair chwaer, yn rhan o deulu a chymdeithas ddiwylliedig – teulu a ffurfiodd barti Noson Lawen llwyddiannus a fu'n diddanu a difyrru'r gymdogaeth leol am flynyddoedd.

Trebor a'i dair chwaer, Margaret, Gweneurys (a fu farw Ionawr 2004) ac Ann

Gallai Trebor weld fferm Taid a Nain o'i gartref, ac yno y byddai'n mynd bob penwythnos ac ar adeg gwyliau i dreulio'i amser ac i fwrw'i brentisiaeth fel ffermwr. Enw'r fferm oedd Pen y Bryniau, ac roedd yno 'lawenydd', chwedl yr emynydd Watcyn Wyn, i'r ŵyr a oedd wrth ei fodd gyda bywyd beunyddiol y fferm.

Pan roddwyd Pen y Bryniau ar werth yn 1954 am £5,000, roedd teimladau cymysg, mae'n rhaid, yng nghalon Trebor – dyma'i ail gartre ers blynyddoedd. Doedd e ddim wedi breuddwydio na disgwyl y byddai'n cael y cyfle i ddilyn ei daid ar y fferm, ond ar ôl trafodaethau teuluol, meddai Taid, 'Caiff Trebor ei chymryd ar rent nes y bydd o'n barod i'w phrynu.' Dyma gychwyn ar yrfa fel ffermwr ar 156 o erwau, yn 16 oed, prin flwyddyn wedi gadael yr ysgol! Symudodd Trebor i fyw ym Mhen y Bryniau ar ei ben ei hun am gyfnod cyn i'w deulu ymuno ag ef drachefn. Ymhen chwe blynedd byddai Trebor yn berchennog ar y fferm a'r stoc, ac yn gwireddu breuddwyd bore oes.

Bu'r ddeuoliaeth ffermio a cherddoriaeth yn cyd-fyw'n gytûn o'r dyddiau cynnar hyd y dydd heddiw. Ffermwr ydyw wrth ei alwedigaeth, ond er mai diddordeb yn unig oedd y canu, daeth llwyddiant ysgubol yn y maes hwnnw hefyd. Pan ganai Trebor yn Eisteddfodau Dydd Dolig y Capel ym Metws Gwerful Goch yn y 1940au, prin y meddyliodd teulu'r Edwardiaid y byddai'r bychan yn cael ei gyfresi teledu ei hun ar S4C!

Er i Trebor ennill yr ail wobr yn yr Unawd Dan 18 oed yn Eisteddfod yr Urdd yn Rhydaman yn 1957, eto i gyd nid cystadleuydd brwdfrydig mohono. Bu'n gefnogol i Eisteddfodau'r Ffermwyr Ifainc gan gynnig ar unawdau ac ar gerdd dant. Derbyniodd fonllefau brwdfrydig ar ôl cystadlu un tro yn Nolgellau, ond ni ddyfarnwyd y wobr iddo, chwaith, oherwydd diffyg cywirdeb yn y darlleniad! Cyfaddefa Trebor ei hun nad oes ganddo'r ddisgyblaeth gerddorol na'r meddylfryd sy'n hanfodol i fod yn gystadleuydd llwyddiannus!

Mae'n hapusach ac yn fwy cyffyrddus, nid yn cystadlu, ond yn perfformio ar lwyfan neu yn y stiwdio – pan nad oes rhaid iddo boeni am bob crosiet, tawnod neu ddiweddeb.

Pan oedd Trebor yn ei arddegau, roedd cystadlaethau tegyg i *Opportunity Knocks* yn cael eu cynnal yn neuaddau'r gogledd – Corwen, Blaenau Ffestiniog, Dinbych a Llanfair Dyffryn Clwyd. Roedd 'na gyfres radio, hefyd, *Dyma Gyfle*, a'r gwrandawyr yn bwrw pleidlais dros eu ffefryn –

rhagflaenydd y rhaglen gyfoes, *Pop Idol!* Enillodd nifer fawr o'r sioeau talent hyn gyda chaneuon poblogaidd fel 'Y Ddinas Sanctaidd' a'r 'Wedding Song, Ave Maria' – yn Gymraeg, wrth gwrs. Yn y sioeau hyn, y perfformiad, a'r llwyfannu, oedd yn holl bwysig, ac roedd Trebor wth ei fodd! Roedd ei allu i gyfathrebu â'i gynulleidfa, a'i swyno, yn amlwg iawn hyd yn oed bryd hynny.

Trebor a'i dystysgrif yn Eisteddfod   Y perfformiwr ifanc poblogaidd
yr Urdd, Rhydaman, 1957

Daeth Dafydd Iwan, o gwmni recordio Tŷ ar y Graig [Cwmni Sain wedi hynny] i glywed am ddoniau lleisiol y tenor ifanc o Fetws Gwerful Goch. Bu'r berthynas rhwng Trebor a'r Cwmni hwnnw'n un ffrwythlon a hapus. Roedd gan y Cwmni drysor o artist a fyddai'n apelio at y genedl ac yn gwerthu recordiau yn eu miloedd!

Cafodd Trebor sawl cynnig i droi'n broffesiynol, ond roedd amgenach pethau yn llenwi ei feddwl – ac nid ffermio ydoedd hynny ychwaith! Roedd cyngerdd wedi'i drefnu gan berthynas iddo yn y capel ym mhentref Betws-yn-Rhos, rhyw ddeg milltir ar hugain i ffwrdd, gyda Trebor yn unawdydd gwadd. Mae'n amlwg fod rhyw gemeg arbennig iawn rhwng yr unawdydd ac ysgrifenyddes y gymdeithas, a

57

dyna ddechrau ar berthynas hir a hyfryd rhwng Trebor ac Ann.

Yn Awst 1960, fe'u priodwyd. Bu'n rhaid i'w fam arwyddo drosto yn y cofrestru, a hefyd arwyddo sieciau ar ei ran am gyfnod wedyn, gan ei fod o dan un ar hugain oed! Erbyn hyn mae ganddynt deulu mawr – dwy eneth, Catherine a Rose, a dau fachgen, Gwyn ac Erfyl a deg o wyrion. Maen nhw hefyd yn Hen Daid a Nain ddwy waith!

Gyda Trebor ac Ann mae Rose a'i gŵr, Hywel; Gwyn a'i wraig, Lynn; Erfyl a'i wraig, Menai, a Catherine a'i gŵr, Geraint, 1995

Mae'r teulu i gyd yn byw yn weddol agos at ei gilydd ym Metws Gwerful Goch ac yn cyfrannu'n helaeth at fywyd diwylliannol yr ardal. Fe roddodd Trebor un ddisgen aur i bob un o'i blant a chadw un iddo ef ac Ann yn eu cartref ym Mryn Alaw. Mae gan y plant ddiddordeb mawr mewn cerddoriaeth ond hyd yn hyn does yr un ohonyn nhw wedi amlygu'i hun fel unawdydd.

Er gwaethaf ei brysurdeb gyda'r canu, a gyda'r 'pethe' yn y gymuned leol, mae'n ffeindio amser i ddilyn ambell ddiddordeb arall hefyd. Mae wrth ei fodd yn bridio gwartheg ar gyfer eu dangos, prynu a gwerthu stoc, a mentro drwy brynu a gwerthu tir ac adeiladau. Mae e'n hoff iawn o fynychu ocsiynau yn yr ardal gan obeithio am fargen neu ddwy. Cyfaddefa ei hun ei fod hefyd yn cael *buzz* wrth fenthyca a buddsoddi arian. Erbyn hyn mae nifer o ffermydd ganddo ac mae'n llwyddo fel ffermwr yn ystod cyfnod anodd a welodd galedi mawr yn y blynyddoedd diwetha.

Trebor wrth ei fodd yn arddangos Welsh Queen.

Robert Parry Jones: Daily Post

Mae'r meibion, Gwyn ac Erfyl, yn dilyn yr un trywydd – y tri ohonynt wedi bod wrthi ers blynyddoedd yn bridio gwartheg, gan groesi Belgian Blue a Limousin. Enillodd bustach pedigree Limousin y Supreme Champion yn Sioe Nadolig Llanelwedd ryw bum mlynedd yn ôl; cipiodd y dreisiad, Welsh Queen, y wobr gyntaf yn y Sioe Frenhinol yno yn 2003, ac ym mis Mehefin 2004, enillodd bustach Limousin y Supreme Champion yn Sioe Caerwys.

Wrth deithio ar hyd a lled y wlad, nid yw Trebor yn hoff o letya mewn gwesty. Gwell o lawer ganddo aros mewn ffermdy a chael cwmni amaethwyr i drafod ŵyn a gwartheg a materion amaethyddol y dydd. Un tro, yn dilyn cyngerdd yn Abergwaun, fe drawodd fargen â gŵr y lletty i brynu gwartheg oddi wrtho a'u cludo 'nôl i'r Betws. Dyna enghraifft wych o gyfuno'i ddau ddiléit!

Cyn dyfodiad S4C roedd cyfresi BBC ac ITV, gyda chantorion fel Cilla Black, Val Doonigan, Kenneth McKellar a Harry Secombe, yn boblogaidd dros ben. Pan lansiwyd S4C, un o'r enwau cyntaf i gael ei ystyried oedd Trebor Edwards. Cam hollol anochel a naturiol, rywsut, oedd i Trebor symud i mewn i fyd darlledu a theledu. Roedd ei recordiau yn gwerthu yn eu miloedd ac roedd ganddo'r apêl a'r ddawn i gyfathrebu â chynulleidfa'r cyfrwng newydd.

Bu'n teithio 'nôl a 'mlaen o'r Betws i Gaerdydd yn fynych iawn wrth gyflwyno'i gyfresi ei hun i S4C – pum cyfres, i gyd. Bu'n rhaid iddo ddysgu nifer fawr o ganeuon a threfniannau mewn cyfnod byr o amser. Un gwahaniaeth sylfaenol gyda gwaith teledu oedd y cyfeiliant. Mewn cyngerdd byddai'i chwaer, Gweneurys, yn cyfeilio iddo ar y piano, ond yn y stiwdio byddai cerddorfa a band dan gyfarwyddyd Hefin Elis. Gall Trebor, fel eraill, dystio mai profiad anodd yw symud o gyfeiliant piano i gyfeiliant cerddorfa. Chafodd e ddim trafferth mawr, ond doedd e ddim yn gwbl gyffyrddus, chwaith, wrth ganu i gyfeiliant band a cherddorfa.

Mae'n siŵr fod Trebor yn falch o ddianc yn ôl i'r Betws wedi'r holl densiwn a'r *angst* sydd ynghlwm wrth unrhyw sioe deledu – gwres y goleuadau, y sain, yr ymbincio, yr *autocue* ac ati. Bu'r cyfresi'n llwyddiannus dros ben, gyda gwesteion adnabyddus fel Mary Lloyd Davies, Bethan Dudley, Bryn Terfel a Tom Gwanas yn ymddangos ac yn canu deuawdau gyda Trebor. Anodd dirnad sut yr oedd Trebor a'i deulu'n medru ymdopi â gwaith beunyddiol y fferm ynghyd ag ymgodymu â dysgu'r holl ganeuon newydd a pharatoi ar gyfer y rhaglenni teledu!

Os oedd y cyfnod hwn yn ffrenetig, eto i gyd daeth un fendith ariannol annisgwyl o'r rhaglenni – rhywbeth a wnaeth llais a wynepryd Trebor Edwards yn gyfarwydd i gynulleidfa dipyn mwy niferus na gwylwyr S4C! Ar raglen rhwydwaith ITV, *It'll be alright on the night,* gyda Dennis Norden, fe welir, yn aml, glip o ffilm allan o'r gyfres *Trebor,* lle mae Trebor yn canu ar ei fferm wrth y gamfa, a'i gi defaid ffyddlon y tu ôl iddo yn llithro i lawr y llethr ar ei ben-ôl! Meimio yr oedd Trebor ar y pryd, wrth gwrs, i drac cerddorol oedd wedi ei recordio eisoes yn y stiwdio, ond heb wybod dim oll am branciau'r ci y tu ôl iddo. Mae

Trebor mor ddiolchgar i'r gŵr camera am gadw'r camera i droi tra bo'r ci'n llithro! Dywed Trebor iddo dderbyn cannoedd o bunnoedd mewn breindal oddi wrth y cwmni, dros y blynyddoedd, am y clip o ffilm arbennig hwn! Priodol hefyd yw nodi mai un o'r caneuon mwyaf poblogaidd yn *repertoire* Trebor yw 'Shep', y gân hiraethus am ei gi defaid ffyddlon!

Trebor a Shep

Pan dderbyniodd Trebor wahoddiad oddi wrth gwmni Gravelle, gwerthwyr ceir yng Nghydweli, i ganu mewn noson elusennol yn 1982, ychydig a wyddai y byddai'r noson honno'n arwain at bedair ar ddeg o fordeithiau tramor ar longau pleser enwog.

Ar derfyn y noson, daeth rheolwr Cwmni Teithio Richards at Trebor a gofyn iddo feddwl o ddifri am ddod gyda'r cwmni ar eu mordaith nesaf i Fôr y Canoldir ar fwrdd *SS Canberra*. Roedd y cwmni am ddefnyddio'r geiriau 'Trebor Edwards, y Tenor Enwog' i werthu'r mordeithiau. Roedd yn gynnig hynod o atyniadol, hyd yn oed i ffermwr prysur! Ond daeth Rhyfel y Falklands, ac fe gomisiynwyd *SS Canberra* i gludo milwyr. Yn 1983, fodd bynnag, trodd i fod yn llong bleser unwaith eto, ac aeth Trebor ar ei fordaith gyntaf fel 'cantor preswyl'.

Dyma gychwyn ar gyfres o fath arbennig iawn o wyliau i Trebor ac Ann – gweld y byd mewn moethusrwydd ar longau pleser. Ymweld â *fjords* Norwy ac ynysoedd Môr y Canoldir, gan ganu caneuon poblogaidd fin nos. Yn 2003 bu'n unawdydd gwadd ar long bleser ar daith i'r Eidal am bythefnos, gan ddiddanu'r teithwyr â'r hen ffefrynnau.

Trebor ac Ann ar fordaith yn 2000

Mae'n hoff o adrodd yr hanesyn pan oedd e'n unawdydd ar *SS Canberra,* ac yn gorfod ymweld â'r meddyg. Dyw'r Gwasanaeth Iechyd Cenedlaethol ddim yn bodoli ar longau pleser, ac mae pob ymweliad â'r syrjyri yn costio £25 a mwy! Fel yr oedd yn digwydd bod, Cymro oedd y meddyg, a gofynnodd i Trebor ganu 'Myfanwy' iddo! Chlywyd dim sôn am unrhyw ffi feddygol!

Gellir cyffelybu bywyd Trebor â strwythur y symffoni glasurol. Y rhagarweiniad yw cyfnod Tŷ Newydd, gyda'i rieni a'i chwiorydd, cyn symud ymlaen i'r symudiad cyntaf, cyflym, sef cyfnod Pen y Bryniau, lle mae'r themâu gwrthgyferbyniol o ffermio, priodi a chanu yn wahanol iawn i'w gilydd ac eto'n harmoneiddio'n hwylus a chynnes.

Mae'r ail symudiad, dwys ac arafach, yn cyfateb i ddyfodiad pedwar o blant a phrynu fferm gyfagos, Pencraig. Dyma gyfnod 'dwys' o ran cyfrifoldebau, ac 'arafach' o ran bywyd cyhoeddus, nid o ran prysurdeb!

Natur y trydydd symudiad symffonig yw hapusrwydd a hwyl y ddawns – tempo cyflym a heintus. Dyma gyfnod Trebor yr eicon poblogaidd, yn teithio, perfformio ar y teledu, cynhyrchu tair ar ddeg o recordiau, derbyn disgiau aur, ac yn dringo i safle'r tenor mwyaf poblogaidd yn y Gymru gyfoes. Cyfnod sy'n symud ymlaen ar *tempo* di-dor. Bywyd yn y lôn gyflym yn wir!

Mae pedwerydd symudiad y symffoni, y symudiad olaf, yn cyfleu cyffro a mwynhad ac, yn wir, dyna yw hanes y gŵr diymhongar yma o'r Betws. Llawer o ganu mewn cyngherddau a nosweithiau llawen, recordiau'n cael eu chwarae ar y radio, teithiau tramor i ddathlu Gŵyl Ddewi gyda Chymdeithasau Cymraeg yn Vancouver, Hong Kong, Los Angeles, San Francisco a Seattle. Ac, i goroni'r cyfan, y pleser o weld ei blant wedi ymgartrefu o'i gwmpas yn y fro hyfryd.

Dyw'r symudiad olaf hwn ddim wedi ei orffen o bell ffordd. Mae'r llais yn dal yn seingar a chroyw, ac mae galw mawr am wasanaeth Trebor o hyd. Mae'n dal i gyffwrdd â chalon y genedl. Mae prif themâu'r symffoni, amaethyddiaeth a cherddoriaeth, teulu a chymuned, wedi cael eu gwau i'w gilydd yn gelfydd dros gyfnod o hanner can mlynedd a mwy. Ac mae'r wên groesawgar a'r sgwrs ddiddan yn nodweddu'r harmoni a'r cytgord sy'n ei gwneud yn symffoni bleserus iawn i wrando arni.

John wrth y piano – yn gweithio ac yn ymlacio!

Gerallt Llewelyn

JOHN EIFION JONES

I lan na thref nid arwain ddim
Ond hynny nid yw ofid im . . .

N ID yw'r dyfyniad hwn o gerdd R. Williams Parry 'Y Lôn
Goed' yn hollol gywir. Pe baech yn dilyn y lôn hyd
at ei therfyn, mae'n arwain at fferm Hendre Cennin yn
ardal hyfryd Llŷn ac Eifionydd. Un o ardaloedd hyfrytaf
Cymru, nid nepell o Fryncir, oddi ar yr A 470 o Borthmadog
i Gaernarfon. Roedd R. Williams Parry, fodd bynnag, yn
llygad ei le wrth ddisgrifio ardal Eifionydd fel,

. . . bro rhwng môr a mynydd
Heb arni staen na chraith.

Nid efe chwaith oedd yr unig fardd i ganu clodydd yr ardal
hon; cofiwn hefyd am delyneg enwog Eifion Wyn, 'Cwm
Pennant'.

Pam, Arglwydd, y gwnaethost Gwm Pennant mor dlws
A bywyd hen fugail mor fyr?

Geiriau y mae'r cantor enwog, John Eifion, yn eu canu
droeon wrth swyno cynulleidfaoedd ar draws y byd gyda'i
lais tenor godidog. Does dim angen y Jones arno wrth ei
gyflwyno; mae pawb yn ei nabod fel *John Eifion*! Yn yr holl
flynyddoedd y bûm yn ei feirniadu mewn eisteddfodau
bychain yn ogystal ag yn y Brifwyl, chlywais i erioed neb
yn dweud gair drwg amdano, nac yn cenfigennu wrtho,
chwaith. Mae'n berson diymhongar, llawen a phoblogaidd.
Ganwyd John yn 1965, yr unig fab i deulu Hendre
Cennin. Ychydig a feddyliodd y rhieni, Ann a Melfyn, bryd

hynny, y byddai medal y Rhuban Glas yn eiddo i'w mab ar derfyn Eisteddfod Genedlaethol olaf y ganrif, dri deg a phedair o flynyddoedd yn ddiweddarach, yn Llanbedr Goch, Ynys Môn.

Yn ystod 90au'r ganrif, byddai'r enw *John Eifion* yn cael ei gyhoeddi o lwyfannau'r Brifwyl bum gwaith fel enillydd y wobr gyntaf yn yr Unawd Tenor Agored yn Eisteddfodau Cenedlaethol Cwm Rhymni, Sir Fôn, Pen-y-bont, y Bala ac Aberystwyth. Camp wych, yn enwedig yn Aberystwyth, pan ddaeth tenoriaid enwog fel Washington James yn ail, a Timothy Evans yn drydydd!

Fe gewch wreiddiau'r teulu ar ochr mam John, Ann Roberts gynt, yn ardal Ysbyty Ifan, a chyn hynny yn Saron, Sir Ddinbych. Mae mam Ann, a'i brawd, yn dal i fyw yn Ysbyty Ifan. Roedd taid John, Edwin Roberts, yn feirniad cerdd dant adnabyddus, ac mae chwaer Ann, Elsbeth Pierce Jones, hefyd, yn adnabyddus am osod a beirniadu cerdd dant.

O Sir Drefaldwyn y mae teulu Melfyn Jones, tad John, yn hanu. Symudodd y teulu i fyw i fferm Hendre Cennin yn nechrau'r 1940au. Dyma gartref teulu'r Jonesiaid, neu 'deulu Hendre Cennin', fel y'u hadwaenir erbyn hyn.

Mae gan John dair chwaer, Carol, Glesni a Helen Medi, ac maent i gyd yn gantorion. Mae Helen Medi yn enw adnabyddus iawn ar lwyfannau'r Brifwyl ers sawl blwyddyn bellach. Mae hi wedi ennill cystadleuaeth y Mezzo Soprano droeon ac wedi dod yn agos at gipio'r Rhuban Glas yn y Brifwyl. Ni chredaf fod brawd a chwaer erioed wedi ennill y Rhuban Glas hyd yn hyn. Cawn weld!

Mae Glesni'n dal i gystadlu ym myd cerdd dant ac alawon gwerin. Go brin bod gan Carol unrhyw egni nac amser i ganu gan ei bod yn fam i bump o blant! Mae'r ddwy chwaer, Carol a Glesni, yn briod â ffermwyr ac yn byw ym Mhen Llŷn yn ymyl ei gilydd ym Motwnnog, a Helen Medi yn byw yn Aberystwyth.

Mae'n amlwg bod genynnau cerddorol cryf yn rhedeg yn y ddau deulu, Roberts a Jones, fel ei gilydd. Bu Ann a Melfyn yn cystadlu'n rheolaidd yn y Genedlaethol ar gerdd dant a chanu gwerin. Ar gyfer y Genedlaethol yn Fflint yn 1969, ffurfiwyd triawd teuluol – Melfyn, Ann, ac Elsbeth ei chwaer, ac fe enillon nhw'r gystadleuaeth Triawd Cerdd Dant.

Aelwyd gerddorol fu aelwyd Hendre Cennin erioed. Tystia John fod cerddoriaeth o'i gwmpas yn y cartref ers y cof cyntaf. Mae e'n cofio'n dda, meddai, am y cyfnod cyn y Genedlaethol ym Mangor yn 1971, pan fyddai'i fam a'i dad yn ymarfer ar yr aelwyd liw nos ar gyfer y Ddeuawd Cerdd Dant, ar ôl ymlafnio'n galed ar y fferm yn ystod y dydd. Mae John hyd yn oed yn cofio mai'r alaw oedd 'Caru Doli', ac mae'r llinell gyntaf wedi'i hoelio yn ei gof, 'Bro lawen oedd bro 'ngeni'.

Buasai'r athronydd a'r addysgwr o'r Swistir, Pestalozzi, wrth ei fodd o glywed hyn, oherwydd credai'n gryf mai dylanwad yr aelwyd yn ystod blynyddoedd cynnar magwraeth y plentyn sy'n llywio'i ddyfodol. Mae'r thesis hyn yn sicr o fod yn wir yn achos teulu Hendre Cennin. Chafodd John na'i chwiorydd mo'u gwthio erioed i ganu nac i gystadlu gan rieni gorfrwdfrydig. Rhywbeth hyfryd a iach oedd yr elfen gystadleuol a dyfai'n naturiol o'r holl ganu a fu ar yr aelwyd ac yn y gymdeithas leol.

Llais trebl digon cyffredin oedd gan John yn fachgen. Chafodd e fawr o lwyddiant wrth gystadlu oherwydd ei fod yn nerfus iawn wrth ganu'n gyhoeddus. Arferai lyncu'i boer, a chraciai'i lais yn fynych ar ganol y darnau. Ond dyfalbarhad piau hi: âi plant Hendre Cennin o gwmpas yr eisteddfodau lleol i gystadlu'n wythnosol gyda Mam yn ystod misoedd y gaeaf. O dipyn i beth daeth y trebl nerfus yn fwy cyffyrddus ar lwyfan.

Yn yr ysgol leol, Ysgol Gynradd Llangybi, y derbyniodd John a'i chwiorydd eu haddysg fore oes. Roedd yn ysgol weithgar, a daeth i amlygrwydd wrth gystadlu'n llwyddiannus yn Eisteddfodau Cenedlaethol yr Urdd. Mae cof da gan John am Eisteddfod Llanelli, 1975, mewn cyfnod pan fyddai cystadleuwyr yn arfer lletya gyda theuluoedd ardal yr Eisteddfod.

Roedd yntau a Carol ei chwaer yn cystadlu gyda phartïon Cerdd Dant a Llefaru Ysgol Llangybi. Cawsant lety a chroeso cynnes gyda theulu yn nhre Llanelli. Ond un peth a roddodd sioc i'r Gogs bach, fodd bynnag, oedd lleoliad y toiled – i lawr ar waelod yr ardd! Roedd yn wir yn sioc i'r system, ac mae wedi aros yn y cof!

Mewn ardaloedd bychain, gwledig yn y parthau hyn, roedd gweithgareddau'r capeli yn rhan bwysig o batrwm a gwead y gymdeithas leol. Ymhlith y rhwydwaith o eisteddfodau lleol llwyddiannus yn Eifionydd roedd Eisteddfod y Pedwar Capel, pryd y byddai ardaloedd Pantglas, Bwlchderwyn, Brynengan a Bryncir yn cystadlu am y gorau yn erbyn ei gilydd. Teitl swyddogol, crand yr Eisteddfod honno oedd 'Cylchwyl Lenyddol a Cherddorol Glannau Dwyfach'. Dwyfach oedd enw'r afon leol.

Eisteddfod flynyddol, deithiol ydoedd, a'r aelodau'n cystadlu'n frwd, ond mewn ysbryd iach. Mae John yn credu mai yma, yn yr Eisteddfod hon, y canodd yn gyhoeddus am y tro cyntaf. Yn wir, roedd teulu Hendre Cennin i gyd yn cystadlu dros gapel Brynengan, ac yn falch o wneud hynny. Ond roedd yna un teulu talentog arall yn cystadlu'n frwd dros eu capel hwythau. Jonesiaid oedd enw'r teulu hwnnw hefyd, o gapel Pantglas. Roedd bachgen bach ganddyn nhw oedd flwyddyn yn iau na John. Ei enw oedd Bryn Terfel.

Er bod gyrfaoedd John Eifion a Bryn Terfel wedi dilyn trywydd gwahanol, maent o hyd yn dal yn gyfeillion agos ac yn canu deuawdau gyda'i gilydd pan ddelo'r cyfle. Rwyf innau'n bersonol wedi dyfarnu'r wobr gyntaf iddynt droeon am ganu deuawdau mewn eisteddfodau ar hyd y blynydd-oedd. Nhw oedd yn fuddugol ar y ddeuawd yn Eisteddfodau Cenedlaethol Machynlleth, Llangefni, a Llanbed.

Ysgol Dyffryn Nantlle oedd yr Ysgol Uwchradd leol i blant ardal Brynengan a Phantglas. Yma y bu John yn ddisgybl am saith mlynedd, gan lwyddo yn ei arholiadau Safon O a Safon Uwch. Ond yn anffodus ni wireddwyd ei ddymuniad i fynd i Brifysgol Lerpwl i astudio ar gyfer gyrfa fel milfeddyg. Er iddo basio'r gwyddorau, Cemeg, Ffiseg a Bioleg yn arholiadau Safon Uwch, chafodd e ddim digon o bwyntiau i fynd i Lerpwl.

Yn y cyfnod hwnnw, roedd dewis pynciau Safon O yn anodd. Ar ddiwedd ei drydedd flwyddyn yn yr Ysgol Uwchradd roedd rhaid i John ddewis rhwng Cerddoriaeth a Cemeg – a Cemeg oedd ei ddewis. O edrych yn ôl, wrth gwrs, a cherddoriaeth erbyn hyn yn rhan mor bwysig o'i fywyd, mae'n amlwg mai cam gwag oedd hwnnw. Er iddo gael gwersi ffliwt a feiolin tra oedd e'n ddisgybl yn Ysgol Dyffryn Nantlle, bu'n rhaid iddo ddysgu cymaint am gerddoriaeth ar ei liwt ei hun. Erbyn hyn mae'n medru darllen sol-ffa yn ogystal â hen nodiant, ac yn trefnu darnau corawl ar ei gyfrifiadur.

Cofiaf yn dda Eisteddfodau Cenedlaethol yr Urdd pan fyddai disgyblion Ysgol Dyffryn Nantlle'n cystadlu, gyda'u hathrawes, Megan Roberts, yn arwain. Dyfernais y wobr gyntaf iddynt droeon yn y gystadleuaeth i gorau SATB Ysgolion Uwchradd. Roedd ganddyn nhw leisiau gwych, yn enwedig adran y meibion. Byddai John yn arwain y tenoriaid, a Bryn Terfel ac Iwan Parry yn cynnal y baswyr. Pa gôr arall yng Nghymru fedrai frolio bod ganddyn nhw leisiau cyffelyb yn adran y dynion? Byddai pob un o'r tri drachefn yn mynd ymlaen i gipio prif wobrau lleisiol y Genedlaethol yn eu tro.

Mae atgofion gen i hefyd o fynd i feirniadu yn Eisteddfod Llanaelhaearn y flwyddyn wedi i lais John ddechrau troi yn raddol o'r trebl i'r tenor. Roedd ansawdd y llais yn gwbl wahanol, a hyder newydd yn amlwg yn ei berfformiadau. Roedd John a'i fêts i gyd yn dal i gystadlu er bod eu lleisiau'n newid. Cafodd John fwy o lwyddiant fel tenor, yn sicr, na fel trebl. Roedd wedi prifio yn gorfforol ac roedd ei glywed ef a Bryn yn canu deuawd yn eu harddegau yn brofiad nad â'n angof. Cafodd John hwyl arbennig iawn yn Eisteddfod Genedlaethol yr Urdd ym Mhwllheli yn 1982 ar ôl i'w lais newid, gan ennill y wobr gyntaf ar yr Unawd Glasurol yn ogystal â'r Unawd Cerdd Dant.

Pan draddodwn y feirniadaeth yn Llanaelhaearn, doedd dim sôn am y criw o fechgyn a fu'n cystadlu – dim ond eu mamau oedd ar gyfyl y lle. Allan yn chwarae pêl-droed yr oedden nhw rhwng y cystadlaethau! Ac roedden nhw'n cystadlu ar bob peth, yn cynnwys yr adrodd! Byddent yn adrodd y geiriau a osodwyd ar gyfer y gystadleuaeth Cerdd Dant, *if you please,* ac yn mynd adref â mwy o bres na'r beirniad, druan, yn y pen draw!

Ar aelwyd Hendre Cennin yn yr wythdegau cynnar roedd pawb yn y teulu'n medru canu, ac yn 'steddfota'n rheolaidd. Cam naturiol, felly, oedd iddynt ddechrau cynnal nosweithiau llawen yn yr ardal yn ystod y gaeaf. Byddai'r chwe aelod, y rhieni a'r pedwar plentyn – yn

Gerallt Llewelyn

John Eifion a'i chwiorydd, Helen Medi, Glesni a Carol

rhinwedd eu doniau lleisiol ac offerynnol – yn medru cynnal noson ar eu pen eu hunain. Aeth y sôn amdanynt ar hyd y wlad, ac yn fuan fe ddeuai'r gwahoddiadau oddi wrth gymdeithasau pell ac agos i deulu Hendre Cennin gynnal noson o adloniant iddynt.

Weithiau byddai'r teulu'n teithio mor bell â Lerpwl a Manceinion i gynnal Noson Lawen, gan ddifyrru aelodau'r cymdeithasau Cymraeg yn y trefi hynny. Mae talentau'r teulu hwn eisoes wedi'u recordio ar ddisg, ac eleni byddant yn ailymffurfio am y tro cyntaf ers pymtheg mlynedd ar gyfer perfformiad arbennig.

Mae Melfyn yn aelod o barti Meibion Dwyfor. Ymhlith yr aelodau eraill mae tad Bryn Terfel, a thad Rhys Meirion. Ar un adeg arferai John Eifion, Bryn Terfel, Rhys Meirion (y tenor operatig rhyngwladol) ac Ian Jones (Pianos Siop Eifionydd), fynd i ambell gyngerdd gyda'u tadau. Rhoddwyd yr enw 'Meibion Meibion Dwyfor' arnynt pan fyddent yn canu'n anffurfiol wedi'r cyngerdd – casgliad o leisiau arbennig iawn, bid siŵr!

Daeth y math yma o fywyd gyda'r teulu a'r gymdeithas leol i ben pan aeth John, yn ddeunaw oed, i Goleg Prifysgol Cymru yn Aberystwyth i ddilyn cwrs Diploma mewn Amaethyddiaeth. Treuliodd gyfnod yn y Coleg ger y Lli gan ymuno â changen Llanilar o Fudiad y Ffermwyr Ifainc. Ond doedd ynddo ddim awydd i ddatblygu gyrfa yn y cyfeiriad hwnnw; dim uchelgais i fod yn etifedd Hendre Cennin. Erbyn hyn, cyfaddefa mai ofer fu dilyn y cwrs hwnnw. Does a wnelo'i waith heddiw ddim byd o gwbl ag amaethyddiaeth! Ond nid ofer fu'r cyfnod yn y Coleg i gyd, chwaith. Cafodd amser da yno a chyfle i ganu a chystadlu yn yr Eisteddfodau Rhyngolegol. Mwy na hynny – cafodd wraig, ffrind a chymar oes. Astudio yn y Brifysgol ym Mangor yr oedd Marina ar y pryd, ond roedd John yn ei nabod cyn mynd i'r coleg oherwydd bod ei chwaer yn cyfeilio iddo mewn eisteddfodau a chyngherddau.

Blodeuodd y garwriaeth rhwng Aberystwyth a Bangor yn ystod y cyfnod hwn!

Un o ferched 'Gennod Tŷ'r Ysgol' yw Marina, sy'n hanu o Ddinorwig. Un o'r chwiorydd yw Annette Bryn Parri, y gyfeilyddes genedlaethol. Doedd dim angen *répétiteur* ar John, bellach, ar ôl priodi i mewn i'r teulu hwn. Fe unwyd dau deulu hynod o dalentog a cherddorol pan briodwyd John a Marina yn 1989. Erbyn hyn mae ganddynt ddwy ferch, Lois ac Anest, ac mae'r traddodiad cerddorol a thalentog yn parhau. Mae'r teulu wedi ymgartrefu ym mhentref Penisarwaun.

Athrawes yw Marina yn Ysgol Gyfun Llangefni ar Ynys Môn, a chanddi lais alto ardderchog, chwedl John. Cofiaf, rai blynyddoedd yn ôl, glywed cryno-ddisg o ganeuon gan y canwr poblogaidd Geraint Gruffydd. Y lleisiau cefndirol oedd 'Gennod Tŷ'r Ysgol', yn cynganeddu mor rhwydd a mor ddidrafferth, fel y gellid disgwyl gan dair chwaer seingar.

Mae Lois ac Anest yn ddisgyblion yn Ysgol Uwchradd Brynrefail ac yn aelodau o fand pres Deiniolen. Mae Lois yn bianydd addawol ac yn cyfeilio i'w thad yn fynych. Clocsio a dawnsio gwerin yw diddordebau cerddorol Anest. Pan ddaeth gwahoddiad i John gynnal noson ar ei ben ei hun yn un o gymdeithasau Cymraeg Paris yn ddiweddar, penderfynodd hel ei deulu i'w gynorthwyo. Dyna ddechrau ar ryw fath o *déjà vu* wrth i barti Noson Lawen arall gael ei ffurfio gan un o deulu Hendre Cennin. Ac yno, ym Mharis, y cynhaliwyd gig cyntaf, neu *première,* y teulu o Benisarwaun.

Yn ystod y Nosweithiau Llawen, mae John yn canu i gyfeiliant Marina neu Lois. Mae Lois hefyd yn chwarae'r Corn ac mae Anest yn dawnsio Step y Glocsen. Yna mae Mam a Dad yn cyfuno'n lleisiol . . . ac yn y blaen! Dyma'r math o wledd o adloniant y gall y teulu ei chynnig. Erbyn hyn mae'r pedwarawd teuluol wedi perfformio nifer o weithiau yn lleol ac yn genedlaethol.

Eisteddfod yr Urdd 2004: Anest yn cipio'r wobr yn y Ddawns Werin
Unigol dan 12, â Lois yn cyfeilio iddi

John a Marina'n ymlacio ar eu ffordd i Ffrainc

Mae John yn falch iawn o'i deulu ac yn credu'n gryf yn yr uned deuluol. Mae wrth ei fodd yng nghwmni Marina a'r merched. Dim ond un tro y cyfarfûm â'r teulu cyfan, a hynny mewn maes parcio oddi ar y draffordd yn Llydaw un amser cinio yn 2002.

Roeddwn i ar fy ffordd i Lydaw, gyda'm carafán, ar ôl bod yn y Genedlaethol yn Nhyddewi. Tra oeddwn i'n cael cinio mewn *aire*, gwelais ryw foi mawr, tal yn cerdded tuag at ei garafán yn gwisgo crys-T ac arno neges yn yr iaith Gymraeg. Wrth geisio dyfalu pwy yn union oedd y cawr hwn, trodd i'm cyfarch gyda gwên lydan. Roedd teulu'r Jonesiaid ar eu ffordd i haul De Ffrainc. Maen nhw, hefyd, yn hoff o *le vin, le Boursin, et le pain!*

Fel y fi, maen nhw'n Ffrancoffiliaid, ac yn hoff o garafanio ar y cyfandir. Syniad John a Marina o ymlacio'n llwyr yw agor potel o win fin nos yn yr adlen, a rhoi'r byd yn ei le. Roedd John ei hun wedi magu blas at garafanio flynyddoedd cyn hynny wrth fynd i garafanio i'r Eisteddfodau Cenedlaethol gyda theulu Hendre Cennin. Bum mlynedd yn ôl y dechreusant garafanio fel teulu ar y cyfandir.

Gan nad oedd John ag unrhyw awydd i ffermio, rhaid oedd meddwl am yrfa amgen. Wedi gadael Aberystwyth gyda Diploma, aeth i werthu nwyddau amaethyddol i gwmnïoedd masnachol. Roedd hefyd yn gweithio i'r cwmni Ffermwyr Eifionydd, ond nid oedd yn gwbl hapus. Cafodd bleser wrth gystadlu a chyngherdda, ond nid oedd am wneud gyrfa o hynny, chwaith. Hobi yw cerddoriaeth i John, nid galwedigaeth.

Symudodd wedyn i faes yswiriant gyda chwmni Pearl, ac yna sefydlu ei gwmni ei hunan fel Cynghorydd Cyllid cyn mynd at Fanc Barclays i weithio. Roedd yn dal i chwilio am faes lle y câi foddhad yn ei waith. Daeth o hyd iddo, o'r diwedd, yn y byd addysg – byd pell iawn o'r maes amaethyddol.

Aeth i weithio gydag Adran Addysg Cyngor Ynys Môn yn Swyddog Cefnogi Presenoldeb, ac yna symud i weithio yn yr un maes gyda Chyngor Gwynedd yng Nghaernarfon. Teitl ei swydd bresennol yw Swyddog Lles Addysg. Mae'n swydd sydd a wnelo'n bennaf â'r dimensiwn cymdeithasol ym mywydau'r disgyblion. Mae'n gyfrifol am amddiffyn plant, erlyn rhieni, gan ymdrin â sefyllfaoedd anodd a chymhleth ar adegau. Gwn o brofiad yn y byd addysg fod y swyddi hyn yn allweddol bwysig wrth gynorthwyo disgyblion sydd â phroblemau personol gartref. Gall effeithio ar eu gwaith, eu hymddygiad a'u presenoldeb yn yr ysgol. Ymddengys fod John wedi dod o hyd i'w wir alwedigaeth, sef ymwneud â phobl ifainc sydd o dan rywfaint o anfantais cymdeithasol. Mae ei bersonoliaeth radlon a'i lais siarad cynnes yn sicr yn gymwysterau sy'n gallu 'agor drysau' yn y gwaith pwysig hwn.

Ymdrin â dynion hŷn yw un arall o hobïau John, sef arwain corau meibion. Yn 2002 arweiniodd Gôr y Brythoniaid yn y Genedlaethol am y tro cyntaf, gan ennill y wobr gyntaf drwy guro Côr Meibion Llanelli, a derbyn Medal Ivor Sims, arweinydd Côr Treforus, gynt, fel yr arweinydd buddugol.

Ond roedd John wedi dechrau arwain rai blynyddoedd yn gynt. Yn dilyn Eisteddfod Porthmadog yn 1987, cafodd wahoddiad i gymryd at yr awenau gyda pharti ei dad, Meibion Dwyfor. Roedd y cyn-arweinydd, Alun Llwyd, wedi symud i arwain Côr Meibion y Penrhyn, felly daeth John yn Gyfarwyddwr Cerdd y parti, ac yntau ond yn ddwy ar hugain oed. Daeth mwy o leisiau i mewn i chwyddo'r sain, a sylweddolodd John fod angen ehangu a newid rhywfaint ar y *repertoire*. Cafodd hwyl a mwynhad wrth y gwaith. Roedd yn gyfle da iddo fwrw prentisiaeth fel arweinydd cyn mynd at y corau meibion mawr.

Y cyntaf o'r rheiny oedd Côr Meibion y Penrhyn, ond cyn pen hir penderfynodd roi'r gorau i arwain a chystadlu

Tegwyn Roberts

Yr arweinydd buddugol â'i ddwylo'n dynn ar dlws y Corau Meibion

fel unawdydd. Yn raddol yr ailgydiodd yn y ddeubeth hyn, fel y cawn weld.

Er na chlywyd llais John yn fyw ar lwyfannau'r Eisteddfodau am gyfnod, roedd i'w glywed yn rheolaidd ar donfeddi Radio Cymru gyda'r emyn-dôn 'Finlandia'. Yn yr 1980au roedd e wedi recordio trefniant arbennig ar ei gyfer gan Nan Elis o'r alaw enwog, gyda Chorau Merched Penyberth a Chymerau.

Rwyf innau'n hoff o'r recordiad a'r trefniant. Mae selogion rhaglen Dai Jones, hefyd, yn hoff ohono, oherwydd caiff ei chwarae'n bur aml ar nos Sul ar y rhaglen boblogaidd *Ar Eich Cais*. Mae'n amlwg bod Nan Elis yn nabod llais John yn dda, oherwydd mae cyweirnod y pennill cyntaf yn golygu bod John yn canu ar restr uchaf ei lais am ran helaeth o'r pennill. Mae'r gofynion lleisiol hyd yn oed yn fwy wrth ganu cyfalaw yn yr ail a'r trydydd pennill. Trwy'r cyfan, mae llais melfedaidd John Eifion yn hedfan uwchben y corau merched yn hollol rhwydd, ac yn seingar. Yn wir, gogoniant llais John yw'r ystod uchaf, fel y mae ef ei hun yn cydnabod. Ond mae John yn hunanfeirniadol iawn ac yn dymuno ail-wneud y record, oherwydd mae'n credu bod ei lais gymaint yn well, erbyn hyn, ugain mlynedd yn ddiweddarach.

Er yr holl lwyddiant Eisteddfodol, rhywbeth naturiol oedd canu i John Eifion. Chafodd e erioed wersi canu ffurfiol – cantor hunanddysgedig yw e. Aeth at Brian Hughes am wersi, ar un adeg, a dwedodd hwnnw wrtho am anghofio'n llwyr am y ffordd y bu'n canu yn y gorffennol. Roedd rhaid dechrau o'r dechrau, meddai! Yn ôl Brian, roedd techneg John yn gwbl anghywir a gwallus, a doedd ganddo ddim cynhaliaeth i'w lais.

Scarcely believe, meddwn innau! Roeddwn i wedi gwrando ar y llais hwn er pan oedd John Eifion yn ei arddegau – dim ond ychydig o *fine tuning* roedd ei angen arno, nid *major overhaul and rebuild*! Wrth gwrs, doedd pethau ddim yn gweithio o gwbl! Collodd John ychydig o hyder ac, yn 1997, penderfynodd ymwrthod â chystadlu a chanu fel unawdydd mewn cyngherddau am flwyddyn gron.

Yn Llandeilo, am y tro cyntaf ers blynyddoedd, ni chlywyd enw John Eifion yn cael ei alw yn rhagbrawf yr Unawd Tenor Agored. Ymunodd â Chôr Meibion Caernarfon. Roedd arweinyddes brofiadol y côr, Menai Williams, yn athrawes gerdd yn yr un ysgol â Marina, ac yn falch o gael John Eifion yn aelod o adran y tenoriaid – pa arweinydd na fasai'n falch o gael llais fel yna yn y côr!

Heb yn wybod i neb, byddai John yn arbrofi ar ei dechneg a'i gynhyrchiad lleisiol wrth ganu gyda'r côr, ac roedd yn ddigon hapus i ganu bob nos Fawrth gyda'r criw yn yr ymarferion. Bu'n aelod ffyddlon o Gôr Meibion Caernarfon am ryw bum mlynedd, ac roedd yn fawr ei barch i'r arweinyddes. Dysgodd lawer ganddi yn yr ymarferion drwy wylio a gwrando. Daeth yn unawdydd gyda'r côr unwaith eto ar deithiau tramor i Ontario yng Nghanada, ac i Iwerddon. Yn 2001, fodd bynnag, cafodd wahoddiad personol gan Gymdeithas Gymraeg Los Angeles i ganu yn eu Cyngerdd Dydd Gŵyl Dewi.

Er iddo ddysgu llawer o fod yn aelod o'r côr, dymuna John gydnabod ei ddyled enfawr i Marina yn ystod y cyfnod hwn. Oni bai am ei chefnogaeth hi, fyddai e ddim wedi gallu teithio fel y gwnaeth, yn un peth, ond yn ogystal â hynny, roedd yn gefn iddo yn ei ganu, hefyd, yn ei gynghori gyda'i *repertoire*, yn adeiladol ei sylwadau, ac yn gadarn ei hanogaeth.

Teimlodd John ei fod wedi ailddarganfod ei dechneg leisiol a'i fod yn deall, yn awr, beth yn union yr oedd Brian Hughes yn ei feddwl gynt. Canodd mewn cyngerdd *Y Tri Thenor* ym Mangor, gyda Dewi Wyn Williams a Glyn Borth y Gest. Yng ngeiriau John ei hun, 'Roedd fy llais yn *spot on* – gallwn fod wedi canu drwy'r nos!' Ie, roedd John wedi gweithio'r busnes canu 'ma allan ar ei ben ei hun. Roedd yn bryd mynd yn ôl i weld Brian am fwy o wersi cyn cystadlu eto yn Eisteddfod Sir Fôn yn 1999.

Fi oedd cadeirydd panel beirniaid y Rhuban Glas yn Eisteddfod Genedlaethol Llangefni, yn Llanbedr Goch, yn 1999. John oedd yr olaf i ganu y noson honno. Roedd rhaglen nos Sadwrn wedi bod yn hirfaith, a daeth John ar y llwyfan o gwmpas 11.30 o'r gloch. Roeddwn i eisoes wedi'i weld yn cystadlu ar y llwyfan deirawr ynghynt fel aelod o Gôr Meibion Caernarfon!

Doedd dim un cantor yn y gystadleuaeth wedi gwneud argraff fawr ar y panel, ond unwaith y dechreuodd John ganu darn Gareth Glyn, 'Llanrwst', gwyddwn fy mod i, beth bynnag, am roi'r fedal am ei wddf y noson honno. Doedd ei ddarn cyntaf, allan o'r *Ffliwt Hud,* ddim wedi fy argyhoeddi'n arbennig – braidd yn dynn oedd y llais. Ond unwaith y diflannodd y tensiwn o'r llais, cawsom glywed John Eifion ar ei orau. Doedd yntau ddim yn siŵr ei fod wedi gwneud digon i argyhoeddi'r panel beirniaid, ond roedd Hywel Gwynfryn, yn feirniad answyddogol y tu ôl i'r llwyfan, wedi dweud wrtho, 'Yr olaf a fydd flaenaf!' *Well done, Hywel!*

Fel y cadeirydd, fy mraint i oedd cyhoeddi dyfarniad y pum beirniad a chyflwyno'r Rhuban Glas i John. Wrth wneud hynny, aeth fy meddwl yn ôl at y llu o eisteddfodau bychain pan oedd John yn cychwyn, yn nerfus, ar ei yrfa fel tenor. Yn awr, roedd e wedi cyrraedd y brig yn Eisteddfod Genedlaethol olaf y ganrif – 'Bravo, John Eifion!' meddwn innau wrtho ar y llwyfan!

Enillydd Rhuban Glas 1999 yn dathlu gyda Marina, a'i rieni balch, Ann a Melfyn

Yn dilyn ei lwyddiant yn Sir Fôn, bu mwy o alwadau nag erioed am ei wasanaeth. Cafodd wahoddiad i wneud cryno-ddisg gan gwmni Sain, a ddaeth allan y Nadolig hwnnw. Bu hefyd yn canu yng Ngŵyl Corwen yn opera Purcell, *Dido ac Aeneas,* a rhannau o opera Joseph Parry, *Blodwen.* Yr unawdydd arall yn yr operâu hynny oedd Fflur Wyn!

Yn 2004 mae John yn un o'r unawdwyr gwadd gydag Iwan Parry a Siân Gibson mewn perfformiad o *Judas Maccabeus* gan Handel yng Nghapel Newydd Berea ym Mangor.

Bu i lawr yn Neuadd y Brangwyn yn ddiweddar, yn unawdydd gwadd adeg dathliadau Côr Meibion Pontarddulais yn ddeugain oed. Dyma un o berfformiadau gorau John erioed, yn ei farn ef. Canmolai acwsteg y neuadd hyfryd hon. Neuadd arall y mae ganddo atgofion hyfryd o ganu ynddi yw Neuadd Roy Thomson yn Toronto. Mae sôn am Eisteddfod Genedlaethol Abergele, 1995, yn dod â gwên lydan i wyneb John. Yr adeg honno roedd yn arwain Côr Meibion y Penrhyn, ac yn paratoi i fynd ar y llwyfan i gystadlu. Cafodd sioc! Dim trowsus! Help! Mae'n rhaid fod ei drowsus wedi syrthio oddi ar yr hangar yn y cwpwrdd gartref – dim ond côt oedd yn y cês! Panics llwyr! 'Fedra i ddim arwain mewn DJ a Levi's 501!' meddyliodd.

Dim byd i'w wneud, felly, ond ceisio ffeindio rhyw aelod o gôr arall oedd tua'r un maint â John Eifion, a gofyn am gael benthyg ei drowsus! Drwy lwc, roedd un o aelodau Côr Meibion Caernarfon o'r un taldra â John, ac fe gafwyd achubiaeth! Flynyddoedd wedyn, ar ôl ymuno â Chôr Caernarfon, arferai John sefyll nesaf at y gŵr a roddodd fenthyg ei drowsus iddo!

Mae John yn hoff iawn o goginio, yn enwedig y cinio Sul. Cyfaddefa iddo gael ei ddifetha'n llwyr yn Hendre Cennin gan ei fam a'i dair chwaer. Pan briododd doedd e ddim yn gwybod sawl llwyaid o siwgr y byddai'n cael yn ei baned o de! Ond daeth tro ar fyd wedi priodi, ac erbyn hyn mae e'n medru coginio bwydydd o wahanol wledydd. Mae Marina, hefyd, yn gogyddes ardderchog ac mae'r ddau ohonynt yn rhannu'r gegin. Un o bleserau bywyd i John yw barbaciwio yn yr awyr agored yn yr haf, yn enwedig wrth garafanio.

Nid yw'n gwneud unrhyw ymdrech i gadw'n heini, fodd bynnag. Nid yw mor athletaidd â'r llanc yn ei arddegau a arferai chwarae pêl-droed y tu allan i'r eisteddfodau ar b'nawniau Sadwrn. Gyda llaw, cefnogwr Everton yw John, tra bo'i gyfaill, Bryn Terfel, yn cefnogi Man U! Pan oedden nhw yn yr Ysgol Uwchradd roedd y ddau wedi cynrychioli

Ysgol Dyffryn Nantlle yn rowndiau terfynol gornest Pêl-fasged Ysgolion Cymru, yn Aberystwyth – ond mae'r ddau wedi magu tipyn o bwysau ers y dyddiau hynny!

Serch hynny, mae'r ddau gyfaill yn dal i fedru canu deuawdau gyda'r un afiaith a brwdfrydedd ag a welsom dros ugain mlynedd yn ôl yn y Genedlaethol. Cynhaliwyd cyngerdd arbennig iawn yn 1997 i ddathlu canmlwyddiant Ysgol Dyffryn Nantlle. Gwahoddwyd nifer o gyn-ddisgyblion yn ôl i ganu, gan gynnwys Iwan Parry, Helen Medi, Iona Stephen Williams, Bryn Terfel a John Eifion. Canodd John ddeuawd 'Y Pysgotwyr Perl' gydag Iwan Parry, a 'Dau Wlatgarwr' gyda Bryn. Fel y gellwch ddychmygu, bu cymaint o alw am docynnau i glywed yr artistiaid hyn fel y bu'n rhaid cynnal cyngerdd arall yn gynt yn y noson, am 5.00 o'r gloch, a'r llall am 8.00 o'r gloch!

Mae John yn awr yn athro lleisiol yng Nghanolfan Gerdd William Mathias, yng Nghaernarfon. Mae ganddo ddeg disgybl, ac mae'n falch o'r cyfle i roi rhywbeth yn ôl i'r gymdeithas y naddwyd ef ohoni. Mae hefyd yn teithio'n rheolaidd i Flaenau Ffestiniog i arwain Côr Meibion y Brythoniaid. Pan roddodd Meirion Jones y gorau i arwain y Côr yn 2000, ar ôl 36 o flynyddoedd, gwahoddwyd John i fod yn arweinydd arnynt.

Roedd yn anodd dilyn Meirion Jones fel arweinydd. Efe a sefydlodd y Côr yn 1964, a chawsant gryn lwyddiant dros y blynyddoedd. Ond pwy fasai'n meddwl, wrth gystadlu am y tro cyntaf gyda John yn Nhyddewi yn 2002, y byddai enw'r Brythoniaid unwaith eto ar gwpan y Brif Gystadleuaeth Gorawl i Gorau Meibion – a hynny trwy guro Llanelli! Ond dyna a ddigwyddodd – yn gwbl haeddiannol – roeddwn i yno yn y gwynt a'r glaw!

Mae'r Côr yn mynd o nerth i nerth, a'r aelodau'n teithio o bell ac agos i ymarfer yn wythnosol yn y Blaenau – mae'r dalgylch yn ymestyn o Aberystwyth yn y De hyd at Landudno yn y Gogledd!

Tegwyn Roberts

Dathlu'r fuddugoliaeth gydag aelodau'r Côr a chefnogwyr

Yn 2003 aeth y Côr i gystadlu yn Llangollen er mwyn ehangu eu gorwelion cerddorol, a hefyd i wynebu her gerddorol o fath gwahanol, ac eleni, yn 2004, mae John a'i bwyllgor yn gyfrifol am drefnu dathliadau deugain mlynedd y Brythoniaid, ac mae *matrix* o gyngherddau a dathliadau wedi'u trefnu yng Nghricieth, Porthmadog, y Blaenau – a Bruges yng ngwlad Belg. Bydd cyfle, hefyd, i ni weld y Brythoniaid ar raglen boblogaidd S4C, *Noson Lawen*, o Ganolfan Hamdden Pwllheli. Un digwyddiad arbennig sy'n rhan o'r dathlu yw bod teulu Hendre Cennin yn ailymffurfio i berfformio, am y tro cyntaf ers pymtheg mlynedd – ac mae John yn fwy nerfus ynglŷn â'r noson honno nag unrhyw ddigwyddiad arall!

Does dim llawer o enillwyr y Rhuban Glas yn arweinyddion corau, fel John, ond efallai bod gan ei arwr mawr, Placido Domingo, rywbeth i'w wneud â hynny. Mae yntau'n troi fwyfwy at arwain corau a cherddorfeydd.

Dyw John ddim wedi cystadlu fel unawdydd ers iddo ennill y Rhuban Glas hwnnw yn Llanbedr Goch yn 1999, a weithiau, yn ddigon naturiol, mae'r syniad, fel rhyw demtasiwn, yn croesi ei feddwl. Pan soniodd e wrth Marina, un noson wrth ymlacio yn adlen y garafán, ei fod yn ystyried cystadlu unwaith eto, fel Tom Gwanas gynt, cafodd yr ateb yn syth ganddi, 'No *way!* Paid â siarad yn wirion!' Dyna'r cynghorydd craff yn siarad! Ond dim ond cellwair oedd e! Mae John yn gwbl hapus ei fyd, ac mae'r awydd i gystadlu'n cael ei fodloni'n llawn gyda'r côr.

Y senario yr hoffwn ei gweld rywdro yn y dyfodol yn y Brif Gystadleuaeth i Gorau Meibion, yw tri o gorau mawr y gogledd yn cystadlu yn erbyn ei gilydd. Côr Meibion y Brythoniaid, Côr Meibion Caernarfon a Chôr Meibion y Traeth! Pa gôr fyddai Marina yn ei gefnogi tybed? Mae Annette, ei chwaer, yn arwain Côr Meibion y Traeth, ei ffrind, Menai, yn arwain Côr Meibion Caernarfon, a John, wrth gwrs, yn arwain Côr Meibion y Brythoniaid! Byddwn wrth fy modd yn beirniadu'r gystadleuaeth honno a chlywed y tynnu coes a'r ffraethineb rhwng y cantorion a'r arweinyddion y tu ôl i'r llwyfan! Dyma beth fyddai gornest Cynghrair *Premier* go-iawn Corau'r Gogledd!

'Gobaith mawr y ganrif'

Tegwyn Roberts

FFLUR WYN

MAE'R enw Fflur Wyn yn adnabyddus drwy Gymru benbaladr, er mai prin dair ar hugain oed yw hi, ac mae'r addewid cynnar a'r darogan gyrfa lewyrchus yn dechrau blodeuo.

Mawr yw disgwyliadau'r genedl, a mwy fyth yw disgwyliadau trigolion pentref Brynaman am ddyfodol disglair i Fflur. Mae'r ardal hon wrth droed y Mynydd Du wedi bod yn fagwrfa i nifer o enwogion y Gymru gyfoes gan gynnwys Gareth Edwards, Siân Phillips a Dafydd Iwan (am gyfnod).

Mae'r llais Soprano pur, y wên serchus, ddiffuant a'r llygaid mawr treiddgar, eisoes yn gyfarwydd i Eisteddfotwyr a chynulleidfaoedd teledu di-ri ers blynyddoedd wrth i Fflur brofi ei bod yn wir yn 'gantores o fri'. Anodd credu ei bod wedi cyflawni cymaint a hithau'n dal yn fyfyrwraig yn yr Academi Frenhinol yn Llundain.

Daeth ei chwrs B.Mus. i ben ym mis Mehefin 2004, a da yw gallu ei llongyfarch ar ennill Gradd Anrhydedd Dosbarth Cyntaf. Derbyniodd y gwahoddiad i ddychwelyd yno i wneud cwrs ôl-radd. Yn ystod ei chwrs roedd Fflur wedi ennill gwobrau noddedig y Coleg – a hynny drwy gystadlu yn erbyn rhai o gantorion ifainc gorau'r byd!

Does dim syndod mewn gwirionedd bod Fflur mor gyffyrddus ar lwyfan, oherwydd mae doniau perfformio yn gryf ar ochr ei mam, Helen Wyn, ac ar ochr ei thad, Eirian Wyn. Mae Helen Wyn yn hanu o bentre Treuddyn, yn ymyl yr Wyddgrug, lle roedd nain Fflur yn organyddes. Mae Helen, hithau, yn meddu ar lais unawdol hyfryd ynghyd â sgiliau cerddorol arbennig a fu'n gaffaeliad i'w merch ac i'w gŵr dros y blynyddoedd. Tra oedd yn fyfyrwraig yng Ngholeg y Brifysgol Bangor, derbyniodd Helen wersi gan y cyfansoddwr William Mathias, yr Athro Cerdd ym Mangor ar y pryd.

Does dim syndod, chwaith, fod Fflur mor gadarn ei Chymreictod gan fod argyhoeddiad dwfn ar yr aelwyd. Roedd Helen Wyn ac Euros Rhys, y cyfansoddwr, ymysg y myfyrwyr cyntaf i ddilyn cwrs gradd mewn Cerddoriaeth drwy gyfrwng y Gymraeg ym Mangor. Ar hyn o bryd mae Helen yn Bennaeth Adran Cerddoriaeth Ysgol Gyfun Gymraeg Bro Myrddin. Tystia Fflur iddi dderbyn cyngor a chymorth amhrisiadwy oddi wrth ei mam ar hyd yr amser, ond pwysleisia'r gwahaniaeth rhwng cefnogi a gwthio!

Un o fois Brynaman yw tad Fflur, y Parchedig Eirian Wyn, mab i William a Megan Jones, un o hen deuluoedd sefydlog ardal Brynaman. Mae llais Eirian Wyn yn gyfarwydd iawn i wrandawyr selog Radio Cymru ar brynhawniau Sul wrth iddo gyflwyno'i raglen wythnosol *Parch*. Ond ar wahân i'w weinidogaethu, mae gan Eirian yrfa lwyddiannus arall – fel consuriwr – ac mae cynulleid-faoedd dros ardal eang yn ei adnabod hefyd wrth ei enw llwyfan, *Rosfa*. Rhosfa yw enw'r fferm y bu'r teulu'n byw ynddi yn yr ardal.

Ganed Fflur Wyn ar Awst 13eg, 1981. Ar y pryd roedd Eirian Wyn yn weinidog ifanc gydag enwad y Bedyddwyr yn Eglwysi Moreia, Meinciau, a Salem, Pedair Heol – nid nepell o Bont-iets a thre Caerfyrddin. Cafodd ei chodi, yn naturiol ddigon, yng ngweithgareddau'r capel, ac yn ystod un o basiantau Nadolig Capel Moreia, Meinciau, y clywyd llais yr angel bach gwallt golau yn gyhoeddus am y tro cyntaf. Mae'n debyg bod Fflur wedi cydio yn y meicroffôn yn y sedd fawr gan wthio'r lliaws o angylion o'r neilltu a chanu'r gân ar ei phen ei hun. Mae'r hyder a welodd addolwyr Moreia y dwthwn hwnnw yn dal gyda Fflur, ond ei fod ychydig yn fwy disgybledig y dyddiau hyn!

Ie, digon o ryfeddod!   Morwyn fach briodas, yn 7 oed

Do, fe ddechreuodd yn ifanc, ac mae hi wedi bwrw prentisiaeth hirfaith gan gystadlu ers yn ddim o beth ar lwyfannau eisteddfodau ym mhob rhan o'r wlad. Mae'n llawn sylweddoli nad *sprint* yw gyrfa cantores ond râs hir a chaled, gyda llawer o droeon annisgwyl ar hyd y ffordd a fydd, efallai, yn herio'r ffydd a'r argyhoeddiad.

Cafodd gyfle euraid i fagu hyder yn ystod chwe blynedd cyntaf ei bywyd. Roedd rhaglen gymdeithasol gref yn y capel â saith deg o blant yn aelodau o'r Ysgol Sul a'r Clwb Ieuenctid. Dyma'r awyrgylch y magwyd Fflur ynddo – wastad cerddoriaeth o'i chwmpas. Yn ogystal â gweithgareddau'r capel, bu Fflur yn ffodus iawn o gael y cyfle i berfformio a chanu yn Ysgol y Gwynfryn ym Mhont-iets.

Aeth Eirian Wyn, wedyn, yn weinidog ar Gapel Bethesda, Glanaman, a Chapel Calfaria, Garnant. Aeth y teulu i fyw yn hen gartref Eirian ym Mrynaman, a dyna lle y maent hyd y dydd heddiw.

Unwaith eto cafodd Fflur lwyfan parod i'w thalentau wrth i gapeli Brynaman, ar y cyd, gynnal un Eisteddfod Fawreddog yn Neuadd y Pentre gyda chynulleidfaoedd yr enwadau'n cystadlu'n frwd yn erbyn ei gilydd. Cofiaf yn dda y mwynhad a ges innau wrth weithredu droeon ar banel y beirniaid yn yr Eisteddfod flynyddol hon. Mae

Fflur yn cydnabod iddi elwa'n sylweddol wrth gystadlu yn yr Eisteddfod hon ar hyd y blynyddoedd.

Clywaf yr un dystiolaeth gan nifer o'n sêr wrth iddyn nhw gyfeirio at y ddyled sydd arnynt i'r Mudiad Eisteddfodol yng Nghymru. Artistiaid megis Catrin Finch, Bryn Terfel, Gwyn Hughes Jones a Shân Cothi.

Aeth Fflur i Ysgol Gynradd y Glyn am bum mlynedd ac yna symud ymlaen i'r Ysgol Gyfun leol, Ysgol Ystalyfera – lle mae Adran Gerddoriaeth lwyddiannus a gweithgar wedi bodoli ers blynyddoedd, ac yn dal gyda'r orau yng Nghymru. Yno cafodd Fflur gyfle i flodeuo ac aeddfedu'n gerddorol am saith mlynedd. Roedd staff brwdfrydig a dawnus yn yr Adran – Margaret Rowlands, Shân Cothi a Helen Gibbon – pob un yn meddu ar ddoniau gwahanol mewn meysydd fel cerdd dant, corawl, gwerin, offerynnol a lleisiol. Ei hathro cerdd o Flwyddyn 9 hyd at y diwedd ym Mlwyddyn 13 oedd Aled Maddock, a dywed Fflur iddo gael dylanwad allweddol ar ei bywyd ysgol.

Ymunodd Fflur â holl weithgareddau'r Adran, a bu'n ddisgybl parod a brwdfrydig gydol ei hamser yn Ysgol Ystalyfera. Dylid pwysleisio nad cerddoriaeth oedd ei hunig ddiddordeb, oherwydd roedd drama, hefyd, yn rhan fawr o'i bywyd. Penderfynodd Fflur gyfuno ei chariad tuag at gerddoriaeth a drama drwy ymuno, yn dair ar ddeg oed, â Chwmni Opera Ieuenctid Theatr y Lyric, yng Nghaerfyrddin, o dan gyfarwyddyd Mrs Elizabeth Evans, neu 'Liz y Lyric' i bawb a'i hadwaenai. Mae Mrs Evans, hithau, yn fam i ddau gantor enwog yng Nghymru, Wynne a Mark Evans. Yn y Cwmni Theatr hwn cafodd Fflur brofiadau theatrig gwerthfawr drwy berfformio'r brif ran yn y sioe gerdd *Oklahoma* – tipyn o gamp i ferch bedair ar ddeg oed.

Golygai hyn ymdrech arbennig iawn i Fflur a'r teulu. Yn ystod wythnos y sioe, byddai'n mynychu'r ysgol drwy'r dydd, yna 'nôl i Frynaman i de cyn teithio lawr i

Gaerfyrddin ar gyfer y sioe fin nos. Wedi'r perfformiad byddai'n dychwelyd i Frynaman wedi blino'n lân. Dyma batrwm ei bywyd am wythnos gron gyda'r rihyrsal yn ychwanegol! Rhagflas o'r hyn a fyddai'n disgwyl y gantores ifanc yn y dyfodol.

Branwen, yn y sioe gerdd o'r un enw gan Euros Rhys ac Emyr Edwards. Blwyddyn 12 yn Ysgol Gyfun Ystalyfera

Ysgol galed yw ysgol brofiad, a dyna beth oedd cyfnod y Lyric. Y flwyddyn wedyn cafodd Fflur gyfle i ymddangos gyda nifer o gyn-aelodau'r cwmni, sy nawr yn sêr yn y West End yn Llundain, mewn dathliad arbennig yng Nghaerfyrddin. Gwaith Andrew Lloyd Webber, *Jesus Christ Superstar,* oedd e, ac roedd y gantores ifanc wrth ei bodd. Penderfynodd yn y fan a'r lle mai un o aelodau'r sioe gerdd *Les Misérables* fyddai'r nod o hyn allan! Pharodd y dymuniad ddim yn hir, fodd bynnag, wrth iddi sylweddoli nad oedd ganddi y math o lais pwerus a threiddgar y byddai ei angen i lwyddo ym myd y sioeau cerdd mawr. Diflannodd y freuddwyd honno fel niwl o flaen y gwynt.

Nid canu, fodd bynnag, yw unig gymhwyster Fflur Wyn fel cerddor. Yn ogystal â'r piano, mae'n canu'r clarinet, y feiolin a'r sacsoffon. Manteisiodd ar y cyfle i gael gwersi offerynnol yn yr ysgol, yn ogystal â gwersi preifat gan nifer o athrawon talentog. Byddai'r hyfforddiant hwn yn gymorth mawr iddi wrth gychwyn ar yrfa lawn-amser yn y byd cerddorol.

Y tro cyntaf i mi gyfarfod â Fflur, ar wahân i eisteddfodau, oedd yn Ysgol Ystalyfera pan oeddwn i'n arholi disgyblion TGAU yn yr arholiad ymarferol. Mae gofyn i bob disgybl TGAU ymddangos mewn perfformiad *ensemble*, ond does dim rhaid i aelodau'r *ensemble* fod yn sefyll yr arholiad. Disgybl Blwyddyn 9 oedd Fflur ar y pryd, ddwy flynedd yn iau nag oedran TGAU, ac yn chwarae'r feiolin mewn *ensemble* o safon uchel iawn.

Y darn a ddewiswyd ganddynt oedd un o symudiadau o gonsierti *Brandenburg* gan J.S. Bach. Cofiaf yn dda yr argraff ddofn a wnaeth y feiolinydd fach benfelen arnaf – yn gwenu drwy'r perfformiad, a'r llygaid mawr, tywyll, sensitif yna'n fyw. Roedd Fflur yn chwarae'n hyderus iawn gan fwynhau'r profiad, mae'n amlwg. Meddyliais ar y pryd y byddwn yn siŵr o'i gweld yn perfformio ar y feiolin eto yn y dyfodol .

Yr ail dro y des ar draws Fflur oedd wrth arwain Cymanfa Ganu yng Nghwm Tawe, pan ganodd yr unawd 'Hawl i Fyw'. Roedd y fath aeddfedrwydd mewn un mor ifanc wedi fy syfrdanu. Roedd y feiolinydd yn awr yn gantores gyda dyfodol disglair tu hwnt yn ei haros, heb os, pe dymunai. Derbyniodd Fflur gymeradwyaeth gynnes gan gynulleidfa oedd o'r un farn â minnau. Y tro nesaf y byddwn yn cwrdd â'r gantores o Frynaman fyddai yn Eisteddfod Dinbych yn 2001. Mwy am hynny yn y man.

Anrheg Nadolig i Fflur, yn chwech oed, oedd y feiolin. Ymserchodd yn yr offeryn, a buan y llwyddodd yn arholiadau'r byrddau cerdd hyd at Gradd 8. Ond doedd chwarae'r feiolin yn unig ddim yn ddigon! Roedd wedi llygadu'r sacsoffon, o bell, ers cryn amser, ac yn dechrau swnian gartref am ei hawydd i ddysgu'r offeryn *jazz* yma. Ond fe'i perswadiwyd gan Helen ac Eirian i ddysgu'r clarinet yn lle hynny, gyda'r addewid y cawsai sacsoffon ar ôl llwyddo i basio arholiad Gradd 5 ar y clarinet. Mae'n siŵr bod Mam a Dad yn meddwl y byddent yn cael llonydd am rai blynyddoedd cyn gwario arian mawr ar brynu sacsoffon!

Mae'n amlwg eu bod heb ystyried dyfalbarhad a phenderfyniad Fflur. O fewn y flwyddyn digwyddodd dau beth. Llwyddodd yn yr arholiad clarinet Gradd 5 – ac roedd sacsoffon ar ei ffordd i Frynaman!

Wele Fflur yn ymuno â Band Chwyth Ieuenctid yng Nghastell-nedd bob nos Fercher, yn yr adran sacsoffonau alto. Roedd y groten wedi gwireddu'i dymuniad. Druan â Mam a Dad, gorfod trefnu cludiant i'r band hwn, yn awr, ar wahân i'r holl deithio i'r Lyric yng Nghaerfyrddin ac Eisteddfodau Cylch a Sir, ac ati! Mae bod yn rhieni i blant cerddorol yn fwrn, weithiau, ond o edrych yn ôl rwy'n siŵr bod Helen ac Eirian yn meddwl fod y cyfan wedi bod yn werth y drafferth. Gwn am gannoedd o rieni ledled Cymru, gan fy nghynnwys i fy hunan, ar adegau, sy'n porthi sentiment un o gymeriadau Dylan Thomas *'I'm a martyr to music!'*

Prifathro Ysgol y Gwynfryn, Pont-iets, y diweddar Dilwyn Roberts, yn ei mentro hi!

Ar wahân i'r holl weithgareddau cerddorol, nac anghofiwn am ran Fflur yn ail yrfa Dad fel consuriwr. Mae pob consuriwr fel arfer yn defnyddio menywod i'w gynorthwyo, ac roedd gan Rosfa ddwy eneth brydferth a deniadol i'w gynorthwyo yn ôl yr angen. Wrth iddo ymweld â chymdeithasau capel a chartrefi'r henoed, byddai Fflur yn hoffi mynd i'w gynorthwyo, ac yn rhoi ambell gân i ddifyrru'r gynulleidfa tra bo Dad yn paratoi'r castiau nesaf. Dwi ddim yn meddwl i Helen na Fflur gael eu llifio yn eu hanner gan Rosfa, ond yn sicr roedd Fflur wrth ei bodd fel *'Daddy's little helper'*!

Gydag amser daeth tro ar fyd, a'r cymdeithasau'n gwahodd Fflur i ganu – a dod â Rosfa gyda hi i wneud ei driciau tra bo'r gantores yn cael hoe fach! Dyma enghraifft o'r hiwmor iach sy'n bodoli rhwng Fflur a'i thad.

Dechreuodd Fflur gystadlu yn yr Urdd ar gystadleuaeth yr Alaw Werin dan 8 oed ym Mrynaman – aeth hi 'mlaen i'r Steddfod Sir, ond ddim pellach. Byddai'n rhaid iddi aros am flwyddyn neu ddwy cyn ennill ei ffordd drwodd i lwyfan Eisteddfod Genedlaethol yr Urdd. Ond unwaith y dechreuodd gael hwyl ar y cystadlu doedd dim pall arni, ac fe ddaeth llwyddiant ar ôl llwyddiant nes iddi gyrraedd y brig drwy ennill Ysgoloriaeth Bryn Terfel yn y flwydddyn 2000!

Mae canlyniadau'r Urdd yn dangos mai Fflur Wyn, o Ysgol Gyfun Ystalyfera, oedd yn fuddugol ar yr Unawd dan 15 pan oedd ond yn dair ar ddeg oed, a'r Unawd dan 19 y flwyddyn wedyn! Record wych a ddaeth ag enw Fflur i ŵydd cynulleidfa deledu eang. Yn wir, cyrhaeddodd lwyfan yr Urdd saith mlynedd yn olynol, gan ennill yr Unawd dan 25 ddwywaith a hefyd yr Unawd Cerdd Dant a'r Alaw Werin dan 25 oed.

Bu Fflur yn aelod o Gôr Ieuenctid Cenedlaethol Cymru er 1997 a chofiaf yn dda am y perfformiad yn yr Eisteddfod Genedlaethol yn 1999 ym Môn pan ddaeth i'r adwy ar y funud olaf i berfformio rhan unawdol yn *Requiem* Faure. Roedd llais y trebl, Gwilym Evans, wedi torri cyn y noson, a chanodd Fflur y 'Pie Iesu' yn odidog wrth ochr ei harwr, Bryn Terfel. Yn wir, derbyniodd Fflur lawer o anogaeth gan y bariton o Bantglas yn dilyn y noson honno.

Erbyn hyn mae hi wedi perfformio nifer fawr o gampweithiau fel unawdydd soprano – gweithiau uchelgeisiol ac anodd fel, *Salmau Chichester* Bernstein, *Offeren yn C* Mozart, *Meseia* Handel, *Requiem* Brahms a'r *Dioddefaint yn ôl Sant Ioan* gan J.S. Bach.

Anodd meddwl fod gan Fflur Wyn amser sbâr ac egni i wneud unrhyw beth ar wahân i ganu a chwarae offerynnau, ond mae'n hoff iawn o chwarae hoci, cymdeithasu a siopa. Anodd coelio ei bod yn dioddef o asthma pan oedd hi'n blentyn ifanc!

Cyfaddefa Fflur ei hunan ei bod yn 'siopaholic' go-iawn! Bydd angen casgliad eang o ffrogiau hirion a sgidie amrywiol arni wrth iddi gychwyn ar ei gyrfa fel cantores broffesiynol. Bydd yn siŵr o sicrhau bod y *zips* ar gefn y ffrogiau yn gweithio'n iawn ar ôl un digwyddiad a achosodd ychydig o embaras iddi.

Wrth gystadlu yn *Llais Llwyfan Llanbed,* a hithau ar ganol ei datganiad, teimlodd Fflur y *zip* yng nghefn ei ffrog yn agor. Ofnai y byddai'r ffrog yn syrthio o gwmpas ei thraed ond, rywsut, ddigwyddodd hynny ddim. Chafodd y digwyddiad anffodus ddim effaith ar y perfformiad, ychwaith! Enillodd y wobr gyntaf ynghyd â mil o bunnoedd.

Yn dilyn canlyniadau academaidd disglair yn arholiadau TGAU, aeth Fflur 'nôl i Flwyddyn 12 yn Ysgol Ystalyfera, lle roedd nifer o Adrannau, yn naturiol, yn awyddus iawn i'w chael yn aelod o'u dosbarthiadau Safon Uwch. Fel y gellid disgwyl, daeth cryn bwysau oddi wrth Adrannau'r celfyddydau mynegiannol iddi astudio Cerddoriaeth a Drama – a hynny a fu.

Syndod i rai, hwyrach, fyddai clywed mai dau o hoff bynciau TGAU Fflur oedd Technoleg a Gwaith Coed. Mae wrth ei bodd yn creu a chynllunio. Fel rhan o'i chwrs Technoleg cynlluniodd gas ar gyfer ei chlarinet a'i sacsoffôn ac yna'i adeiladu. Dyna sy'n egluro ei hoffter o siopa yn IKEA, lle mae'n rhaid i chi ddilyn cyfarwyddiadau ac adeiladu'r dodrefn eich hunan allan o'r *fflat pac* bondigrybwyll!

Yn wir, daeth Fflur yn agos at beidio â dewis Cerddoriaeth fel pwnc gradd. Yn dilyn cyfnod o brofiad gwaith mewn swyddfa cyfreithiwr yng Nghaerfyrddin penderfynodd mai dilyn gyrfa fel bargyfreithwraig y byddai'n hoffi ei wneud. Roedd yr elfen theatrig yn y llys barn yn apelio'n fawr ati.

Arferai gael cyngor doeth a gwerthfawr gan ei rhieni, ond y gefnogaeth orau a roesant oedd, 'Pa ffordd bynnag yr ei di mewn bywyd, fe fyddwn ni yn dy gefnogi di gant y cant!' Fel yn y dyddiau cynnar, doedd dim 'gwthio', a chafodd berffaith ryddid i wneud y penderfyniadau mawr ei hunan.

Hwyrach bod rhai ohonoch wedi sylweddoli na fu unrhyw sôn hyd yn hyn am athro llais neu hyfforddiant lleisiol. Y gwir yw mai Helen, ei mam, fu'n rhoi cyngor i Fflur ynglŷn â llwyfannu, brawddegu, cynaniad ac anadlu. A gadawodd i'w merch ganu'n gwbl naturiol. Doedd dim angen hyfforddiant arni mewn gwirionedd. Mae llawer gormod o gantorion addawol wedi cael eu lleisiau wedi'u hyfforddi'n rhy ifanc ac o'r herwydd yn creu sain annaturiol wrth ganu. Gwyddai Helen y gyfrinach yn iawn.

Daeth yr amser, fodd bynnag, pan fyddai Fflur yn gorfod penderfynu beth i'w wneud ar ôl Safon Uwch. Yn ddwy ar bymtheg oed, felly, ymgeisiodd yng ngwahanol Golegau Cerdd Llundain am le i ddilyn cwrs gradd. Cyn y clyweliadau fe benderfynodd, gyda chefnogaeth ei rhieni, mai nawr fyddai'r amser i ddechrau chwilio am hyfforddiant lleisiol. Cawsant gyngor da gan Euros Rhys, ffrind i'r teulu.

Awgrymodd Euros iddynt geisio am 'ymgynghoriad lleisiol' gan Beatrice Unsworth, athrawes llais yn yr Academi Frenhinol yn Llundain a'r *Conservatoire* yng Nghaerdydd. Dywedodd Miss Unsworth y byddai'n fodlon gwrando ar Fflur ond nad oedd lle ganddi yn ei hamserlen i ddisgybl arall, yn anffodus!

I fyny â'r teulu i gartref Miss Unsworth yn Llanisien, Caerdydd, am yr 'ymgynghoriad'. Wedi gorffen gwrando ar lais hudolus Fflur, geiriau Miss Unsworth oedd, 'Plîs ga i dy ddysgu di?' Gwyddai fod un o sêr y dyfodol yn sefyll o'i blaen. Roedd Beatrice Unsworth yn awyddus iawn i ddysgu Fflur Wyn, ac roedd Fflur Wyn, hithau, yn falch iawn o'r cyfle i astudio gydag un o athrawesau lleisiol blaenaf ei dydd. Roedd parch ar y ddwy ochr, mae'n amlwg.

Dyna ddechrau ar bartneriaeth hyfryd – sy'n dal i fodoli. Mae'r bartneriaeth rhwng athro a disgybl yn allweddol bwysig. Sonia Bryn Terfel yn aml am y berthynas dda oedd rhyngddo ef a'i athro, y bariton Arthur Reckless, yn y Coleg yn Llundain. Erbyn hyn mae Miss Unsworth (Trixie i'w ffrindiau a'i disgyblion), ynghyd â Clara Taylor, yr hyfforddwraig, yn llywio gyrfa Fflur yn ofalus, gan ei chynghori ynglŷn â chyngherddau, gwisg, *repertoire,* ac ati.

Roedd y clyweliad i'r Academi Frenhinol yn llwyddiannus, ond ni châi Fflur ddechrau yno tan ei bod yn ddeunaw oed, felly roedd ganddi flwyddyn wag i'w llenwi ar ôl gadael Ysgol Ystalyfera. Mae'n ffasiwn y dyddiau hyn i gael yr hyn a elwir yn *gap year* ar ôl Safon Uwch, a theithio o gwmpas y byd i ledaenu gorwelion. Ond doedd treulio blwyddyn fel yna ddim yn apelio'n fawr iawn at Fflur.

Mae'n dweud cyfrolau bod yr Academi wedi llunio cwrs arbennig iddi er mwyn llanw'r flwyddyn 'wag' honno! Ac yn ystod y flwyddyn 'wag' honno teithiodd o Frynaman i Lundain yn wythnosol ar ddydd Mawrth, gan ddilyn

Fflur yn ymarfer, a'r llygaid yn pefrio!

Fflur, yn 18 oed, yn Neuadd Albert:
Cyngerdd Mil o Leisiau Corau Meibion

cyrsiau yn nosbarth y *Gân Seisnig* gyda myfyrwyr y flwyddyn gyntaf, a *Repertoire Almaenig* gyda'r ail flwyddyn. Yn ogystal â hyn, trefnwyd sesiynau gyda Clara Taylor, a hefyd wersi Eidaleg ac Almaeneg. Bob dydd Gwener teithiai i Gaerdydd i gael gwersi canu gyda Beatrice Unsworth.

Roedd y flwyddyn hon yn hynod o werthfawr wrth i Fflur ymbaratoi ar gyfer cwrs pedair blynedd yn astudio am radd Baglor mewn Cerddoriaeth yn yr Academi. Cafodd brofiadau pleserus, yn cynnwys chwarae rhan Adèle yn opera newydd Michael Berkely *Jayne Ayre* gyda chwmni Music Theatre Wales. Bu'n teithio gyda'r Cwmni hwn i rai o wyliau cerdd enwocaf Prydain yn Cheltenham a Buxton, yn ogystal â recordio'r gwaith ar gryno-ddisg i gwmni Chandos. Bu'n ddigon ffodus, hefyd, i berfformio yn y Linbury Theatre yn y Tŷ Opera Brenhinol yn Covent Garden. Ar ben hyn i gyd, cafodd gyfle i deithio ar draws Môr yr Iwerydd am dair wythnos i ganu fel unawdydd gwadd gyda Chôr Cymraeg De Califfornia – yn dilyn cyfweliad dros y ffôn gyda'r arweinydd!

Yn y flwyddyn 2002 enillodd Fflur y Kathleen Ferrier Bursary i gantorion ifanc, a hefyd y wobr Canwr Ifanc Cymraeg y Flwyddyn, MOCSA (Morriston Orpheus Choir Supporters Association) – gwobr y mae amryw o gantorion enwog Cymru yn ei thrysori. Clod uchel, yn wir. Ond mae'r flwyddyn honno'n nodedig hefyd, am lwyddiant teuluol – y fam a'r ferch yn ennill y wobr gyntaf yng nghystadleuaeth y Ddeuawd Agored yn Eisteddfod Genedlaethol Tyddewi. Mewn cystadleuaeth glòs, dyfarnwyd perfformiad Helen a Fflur o 'Ddeuawd y Blodau' allan o'r opera *Lakmé* gan Delibes, yn deilwng o'r wobr gyntaf. Cyfaddefa Helen ei bod yn hynod o nerfus yn canu deuawd gyda Fflur, ond roedd yn berfformiad ardderchog, gyda'r lleisiau'n asio'n hyfryd.

Bedair blynedd yn gynt, yn Eisteddfod Genedlaethol Pen-y-bont ar Ogwr yn 1998, enillodd Fflur yr Unawd

Tegwyn Roberts

Y teulu'n dathlu'r fuddugoliaeth yn Nhyddewi, 2002

Soprano dan 19 oed, yr Unawd Alaw Werin, a'r ail wobr am Adrodd o'r Ysgrythur! Ond byddai mwy o lwyddiant eto yn ei disgwyl yn Eisteddfod Dinbych, 2001.

Dyma benllanw gyrfa gystadleuol Fflur Wyn, heb unrhyw amheuaeth. Dros gyfnod o dridiau, enillodd yr Unawd o Oratorio, y Gân Gelf a'r Unawd Gymraeg. Roeddwn yn gadeirydd ar banel y beirniaid ar gyfer Gwobr Osborne Roberts – y Rhuban Glas dan 25. Mae buddugwyr y pedair cystadleuaeth leisiol dan 25 yn cystadlu am y Rhuban Glas.

Gan fod Fflur eisoes wedi ennill tair o'r pedair cystadleuaeth, prin fod gennym gystadleuaeth o gwbl! Ond gwahoddwyd yr ail yn y cystadlaethau eraill i gystadlu. Fflur, wrth gwrs, enillodd y Rhuban Glas, gan goroni wythnos fythgofiadwy yn ei hanes.

Y noson wedyn, nos Wener, roedd Fflur yn ôl ar y llwyfan gyda Chôr Rhuthun a Bryn Terfel ym mherfformiad cyntaf gwaith ardderchog Robat Arwyn *Atgof o'r Sêr*! Ond fel petai hynny ddim yn ddigon, wedi'r holl gystadlu a'r rhagbrofion, yn yr un cyngerdd, canodd y rhan unawdol yng nghyfanwaith Brahms, y *Requiem*, gan ennill clod mawr am ei datganiad.

Yn dilyn yr holl lwyddiant a'r cyhoeddusrwydd a gafodd yn Ninbych, roedd y gwahoddiadau'n llifo i mewn. Y cam nesaf, yn naturiol, oedd cael asiant i ddelio â'r cyngherddau a'r trefniadau teithio ac yn y blaen. Trwy ryw gyd-ddigwyddiad ffodus, roedd nifer o ffrindiau Fflur newydd sefydlu asiantaeth i artistiaid yng Nghaerdydd, o dan yr enw Galeri, a nhw sy'n cynrychioli Fflur ar hyn o bryd, ac yn delio â'r galwadau lu am ei gwasanaeth.

Adeg y Pasg, 2004, gwelwyd Fflur deirgwaith ar deledu S4C, yn canu yn Neuadd Dewi Sant, Caerdydd. Yn gyntaf, ymddangosodd ar raglen yr Urdd i lawnsio Eisteddfod yr Urdd 2005 yng Nghanolfan y Mileniwm ym Mae Caerdydd. Yn ystod y rhaglen cyflwynwyd holl enillwyr Ysgoloriaeth Bryn Terfel, gan gynnwys Fflur Wyn.

Yna yn y rhaglen *Cariad* gan y BBC, cyflwynodd Fflur unawd operatig 'O Mio Babbino Caro', yn ogystal â chanu deuawd gyda'i chyfaill, Mirain Haf. Y trydydd tro oedd y darllediad o waith Karl Jenkins, *Offeren Heddwch.* Fe ganodd yn wych mewn perfformiad cofiadwy. Tybed a oedd 'Liz y Lyric' yno, gan fod dau o'r unawdwyr yn gyn-aelodau o'i Chwmni Opera yng Nghaerfyrddin – Fflur, a Wynne Evans ei mab!

Mae canu gyda cherddorfa'n gallu bod yn anodd – yn enwedig y tro cyntaf. Diddorol oedd clywed Bryn Fôn ar y rhaglen BBC *Cariad*, yn sôn am 'y wefr' o ganu gyda cherddorfa fawr symffonig am y tro cyntaf. Ond doedd hynny ddim yn broblem i Fflur – yn wahanol i brofiadau rhai o'r artistiaid eraill yn y gyfrol hon! Bellach, mae Fflur yn gwbl gartrefol yn canu gyda cherddorfa, ac wedi cael llawer o brofiad o orfod canu uwchben 80 a mwy o chwaraewyr sydd yn y Bournemouth Symphony Orchestra, Cerddorfa Bae Caerdydd, Cerddorfa Cwmni Opera Cymru a Cherddorfa BBC Cymru. Mae'n siŵr bod y profiad o chwarae gynt mewn cerddorfeydd a bandiau o fantais fawr iddi nawr.

Yr hyn sy'n ddiddorol o ran galwedigaeth cantores broffesiynol fel Fflur, yw'r alwad ffôn nesaf. Gwn o brofiad fod ei ffôn symudol yn brysur dros ben! Mae'n derbyn galwadau a negeseuon testun niferus iawn yn gofyn am ei gwasanaeth. Un tro'n ddiweddar, llais Beatrice Unsworth oedd yno, yn gofyn iddi a fedrai fynd i ganu mewn *ensemble* o bump mewn cyngerdd yn Llundain trannoeth gan fod yr unawdydd soprano'n sâl.

Y darn oedd y 'Champagne Chorus' allan o'r Operetta *Die Fledermaus* gan Johann Strauss, a'r London Symphony Orchestra, yr enwog LSO, yn cyfeilio! Doedd Fflur erioed wedi canu nodyn ohoni, ond aeth ati i ddysgu'r aria dros nos ac, unwaith eto, fe gafodd ganmoliaeth arbennig am ei pherfformiad. Yr achlysur oedd cyngerdd pen-blwydd y chwaraewr *cello* enwog o Rwsia, Mstislav Rostropovich, ym Mhalas Buckingham, a'r gynulleidfa i gyd o deuloedd brenhinol Ewrop!

Mae Fflur a'i thîm o hyfforddwyr yn sylweddoli mai cam gwag i'w gyrfa fyddai ceisio perfformio gweithiau cyfansoddwyr operatig trwm fel Wagner a Verdi. Llais telynegol, hyblyg sydd ganddi, gydag elfennau deniadol o *coloratura* yn perthyn iddo.

Mae'r llais yn aeddfedu ac yn cryfhau drwy'r amser. Un o ragoriaethau arbennig Fflur yw ei gallu i gynnal brawddegau hirion, melismatig. Mae ganddi reolaeth ardderchog ar y dechneg leisiol naturiol, ac mae hynny'n golygu mai gwaith cyfansoddwyr fel Mozart a Handel sy'n debyg o siwtio'i llais ar hyn o bryd.

Mae'n hoff iawn o operâu Mozart a Handel. Eisoes mae wedi perfformio rhan Suzanna yn opera Mozart, *Priodas Figaro,* gyda Chwmni Opera Court yn Llundain. Mae hefyd wedi dechrau canu gweithiau Donizetti. Mae rhannau *coloratura* ysgafn a chwareus yn britho'i operâu, ac rwy'n credu bod llais Fflur yn siwtio'r rhannau hyn i'r dim.

Yn wir, fe gafodd hwyl arbennig ar berfformio gwaith Handel a Donizetti yn rownd derfynol y gystadleuaeth *Canwr i Gymru* yn Neuadd Dewi Sant, Caerdydd, ym mis Mehefin 2004. Roedd wedi aeddfedu cymaint fel cantores ers iddi goncro'r byd Eisteddfodol yn Ninbych yn 2001. Chafodd hi mo'r wobr y tro hwn, ond gwn y 'daw dydd y bydd mawr y rhai bychain' ac y bydd, yn fuan iawn, yn cynrychioli Cymru yn y gystadleuaeth Canwr y Byd.

Er mai bychan o gorff yw Fflur, mae ei hewyllys a'i hawydd i lwyddo yn enfawr. Mae'n hyderus, ac yn derbyn canmoliaeth a beirniadaeth yn eu tro gyda'r un wên ddiniwed, chwareus. Nid yw'n cymryd ei hunan ormod o ddifri, chwaith – mae ganddi athroniaeth real ac ymarferol tuag at ei phroffesiwn – gŵyr ei fod yn fywoliaeth a all fod yn hynod o greulon ac annheg ar adegau, fel y gall amryw o gantorion dystio. Person preifat yw Fflur yn y bôn, ac yn hoff o gadw ei bywyd cyhoeddus a'i bywyd personol ar wahân. Mae perfformio, iddi hi, fel rhyw fath o gyffur, ac mae pob ymddangosiad cyhoeddus yn fraint. Yn fwy na hynny, mae'r teulu'n derbyn mai rhodd Duw yw llais bendigedig Fflur.